广西高校人文社会科学重点研究基地滇黔桂边革命老区人文精神与社会发展研究基地基金资助

| 光明社科文库 |

新时代高校党建育人的模式与实践

以百色学院为例

黄宗将◎著

光明日报出版社

图书在版编目（CIP）数据

新时代高校党建育人的模式与实践：以百色学院为例 / 黄宗将著．-- 北京：光明日报出版社，2023. 6

ISBN 978 - 7 - 5194 - 7316 - 7

Ⅰ. ①新… Ⅱ. ①黄… Ⅲ. ①中国共产党—高等学校—党的建设—研究—百色 Ⅳ. ①D267. 6

中国国家版本馆 CIP 数据核字（2023）第 113666 号

新时代高校党建育人的模式与实践：以百色学院为例

XINSHIDAI GAOXIAO DANGJIAN YUREN DE MOSHI YU SHIJIAN：YI BAISE XUEYUAN WEILI

著　　者：黄宗将

责任编辑：杜春荣　　　　责任校对：房　蓉　李佳莹

封面设计：中联华文　　　　责任印制：曹　诤

出版发行：光明日报出版社

地　　址：北京市西城区永安路 106 号，100050

电　　话：010-63169890（咨询），010-63131930（邮购）

传　　真：010-63131930

网　　址：http：//book. gmw. cn

E - mail：gmrbcbs@ gmw. cn

法律顾问：北京市兰台律师事务所龚柳方律师

印　　刷：三河市华东印刷有限公司

装　　订：三河市华东印刷有限公司

本书如有破损、缺页、装订错误，请与本社联系调换，电话：010-63131930

开　　本：170mm×240mm

字　　数：200 千字　　　　印　　张：16. 5

版　　次：2023 年 10 月第 1 版　　　　印　　次：2023 年 10 月第 1 次印刷

书　　号：ISBN 978 - 7 - 5194 - 7316 - 7

定　　价：95. 00 元

前　言

育才造士，为国之本。习近平总书记在全国高校思想政治工作会议上强调："高校思想政治工作关系高校培养什么样的人、如何培养人以及为谁培养人这个根本问题。要坚持把立德树人作为中心环节，把思想政治工作贯穿教育教学全过程，实现全程育人、全方位育人，努力开创我国高等教育事业发展新局面"①，为高校党建育人提供了根本遵循。立德树人，国之大者，要培养堪当民族复兴重任的时代新人，必须坚持和加强党的领导。实现中华民族伟大复兴的中国梦，归根结底要靠人才、靠教育，只有坚持和加强党的领导，以党建引领人才培养，我们才能培养出德智体美劳全面发展的社会主义建设者和接班人，为实现第二个百年奋斗目标提供坚强的政治保障和有力的人才支撑。

在全国高校思想政治工作会议上，习近平总书记强调指出："办好我国高等教育，必须坚持党的领导，牢牢掌握党对高校工作的领导权，使高校成为坚持党的领导的坚强阵地"，深刻诠释了高校落实立德树人根本任务必须坚持党的领导，为我们加强和改进人才培养

① 习近平．习近平在全国高校思想政治工作会议上强调：把思想政治工作贯穿教育教学全过程　开创我国高等教育事业发展新局面［N］．人民日报，2016-12-09（01）．

指明了行动方向。2017年12月，中共教育部党组印发的《高校思想政治工作质量提升工程实施纲要》强调，“要把组织建设与教育引领结合起来，强化高校各类组织的育人职责，增强工作活力、促进工作创新、扩大工作覆盖、提高辐射能力，发挥高校党委领导核心作用、院（系）党组织政治核心作用和基层党支部战斗堡垒作用”。高校各级党组织在育人实践中都肩负着重要的历史使命。在将组织建设与教育引领相结合的过程中，高校党委作为领导核心，必须通过加强党的建设提升党的领导力，进而带动校内各级党组织发挥育人作用，才能真正强化党建育人功能，实现时代新人的培养目标。由此可见，高校党建是“三全育人”的关键所在。

在世界百年未有之大变局的时代背景下，国际社会风云变幻，西方敌对势力从政治、经济、军事、科技等领域对我国进行全方位的围堵打压，尤其是意识形态领域的斗争更加复杂激烈。高校既是各种文化、思想的集散地，又是人才培养的重要阵地，大学生成为敌我双方争夺的重要对象，高校的意识形态安全面临严峻考验，如何培养把青春奋斗融入党和人民事业，以实现中华民族伟大复兴为己任，不负党和人民重托的时代新人，是高校必须完成的重大课题。在实现中华民族伟大复兴的战略全局中，需要大批社会主义合格建设者和可靠接班人，如何培养有中国志气、骨气和底气的时代新人，使他们成为实现中华民族伟大复兴的先锋力量，更是高校的历史使命！

高校党建工作不仅是高校人才培养的政治保证和组织保障，而且是高校育人体系的重要组成部分，其本身就是重要的育人过程①。

---

① 朱善璐．高校育人党建是魂［N］．人民日报，2006-07-06（13）．

从近几年中国共产党党内统计公报党员发展情况来看，2017 年发展党员 198.2 万名，其中，发展学生党员 69.9 万名；2018 年发展党员 205.5 万名，其中，发展学生党员 70.4 万名；2019 年发展党员 196 万名，其中，发展学生党员 84.4 万名；2020 年 1 月至 2021 年 6 月共发展党员 473.9 万名，其中，发展学生党员 187.2 万名①。由此可见，学生党员发展数量差不多占当年全国党员发展总量的 50%，考虑年龄、学历、学制和党员发展工作的规范要求等，每年发展的学生党员主要为各类高校在校学生。高校党建工作为党建育人的实现提供了重要的组织资源和组织保障。学生党员发展的规模体量以及随着人口的自然演化影响着党员队伍的存量结构和素质特征，为社会建设和党的建设输送大量的后继智力资源和治理资源，关系党的永续发展和红色血脉的根基，关系培养社会主义建设者和接班人的使命。因此，如何在新时代把党建工作和育人工作有效结合起来，是高校工作的重中之重。

百色学院作为革命老区、边疆地区、民族地区的应用型高校，坚持以“百折不挠、奉献拼搏、团结务实、争先创新”的百色精神办学育人，秉承“志远行敏、德高业精”校训，80 多年来，为社会各个领域培养输送了 15 万余名“下得去、留得住、用得上、干得好”的专门人才，为边疆民族地区的经济发展、社会进步和国防巩固做出了巨大贡献。百色学院党委始终发挥领导核心作用，坚持把立德树人作为根本任务，不断加强党对人才培养的全面领导，深入贯彻落实党的教育方针，不忘教育初心，牢记育人使命，把党建育人理念贯穿人才培养全过程，始终做到为党育人，为国育才，取得

① 中共中央组织部．中国共产党党内统计公报［EB/OL］．新华网，2021-06-30.

了可喜的成绩。为了总结提炼百色学院党建育人的实践经验，结合多年从事高校党建工作和思想政治教育的实践经验，撰写了本书《新时代高校党建育人的模式与实践——以百色学院为例》；通过对百色学院党建育人的探索和创新进行全面梳理，以期将党建育人工作提升到党建创新发展的高度；本书并非对高校思想政治工作的理论研究，而是以百色学院党建工作实际为出发点，以党建育人为落脚点，具体探讨高校党建的育人功能、如何开展党建育人以及取得的成效等，可为兄弟院校开展党建育人工作提供有益参考。

目　录
CONTENTS

第一章　高校党建育人的科学内涵和基本特征

党的十八大以来，以习近平同志为核心的党中央高度重视高校党的建设和思想政治工作，做出了系列重大决策部署。在为党育人、为国育才实践中，坚持党建引领，推动高校党建与育人工作深度融合，形成了新时代党建育人的科学内涵和基本特征。

一、高校党建育人的科学内涵

习近平总书记强调指出，“加强党对高校的领导，加强和改进高校党的建设，是办好中国特色社会主义大学的根本保证”①。教育部印发的《高校思想政治工作质量提升工程实施纲要》明确提出，“把高校党的建设与教育引领结合起来，强化高校党组织的育人职责，以标准化建设为牵引，以提升组织力为重点，增强工作活力、促进工作创新、扩大工作覆盖、提高辐射能力，发挥高校党委领导核心作用、院（系）党组织政治核心作用和基层党支部战斗堡垒作用”。中共中央印发的《中国共产党普通高等学校基层组织工作条

① 中共中央组织部. 中国共产党党内统计公报［EB/OL］. 人民日报，2021-07-01（05）.

例》也明确要求，“高校党组织应当把立德树人作为根本任务，构建思想政治工作体系，拓展新时代大学生思想政治教育的有效途径，形成全员全过程全方位育人的良好氛围和工作机制”。高校各级党组织在育人实践中都相应担负着极为重要的职责任务。在将组织建设与教育引领相结合的过程中，高校党组织作为高校工作的领导核心，只有以高校党组织为统领，充分发挥各级组织的育人功能，通过高校党的建设带动高校其他组织建设，才能够真正强化高校党建育人工作，实现培养德智体美劳全面发展的社会主义建设者和接班人的目标。可见，高校党组织是高校组织育人的重要着力点，激发党组织在育人工作中的功能作用，是推动高校思政工作高质量发展的必由之路。贯彻落实这些工作要求，必须准确把握高校党建与育人的逻辑关系，并在此基础上，明确高校党建育人的科学内涵。

（一）高校党建与育人的逻辑关系

1. 党建为育人指明方向

习近平总书记强调：“办好我国高等教育，必须坚持党的领导，牢牢掌握党对高校工作的领导权，使高校成为坚持党的领导的坚强阵地。”① 中国特色社会主义大学为实现“为党育人、为国育才”的目标，就必须以高质量的党建为引领，保证正确的办学方向，回答好“培养什么人、怎样培养人、为谁培养人”这个根本问题。加强党建和思想政治工作是高校办学治校的生命线，高校党建之本在于育人，党建工作要全方位根植于育人工作之中，必须准确把握育人的基本准则，这既是铸魂的理念建构，也是育人的方向指引。中国

① 张烁．习近平在全国高校思想政治工作会议上强调：把思想政治工作贯穿教育教学全过程　开创我国高等教育事业　发展新局面［N］．人民日报，2016-12-09（1）．

特色社会主义大学培养的人才，不仅要具备坚实的专业能力，成为社会主义事业的合格建设者，而且要具备过硬的思想政治素质，成为党的事业的可靠接班人。因此，高校各级党组织要立足中华民族伟大复兴的战略全局和世界百年未有之大变局，心怀“国之大者”，牢牢把握党对高校育人工作的领导权，全面贯彻党的教育方针，落实好立德树人的根本任务。

2. 党建为育人提供保障

党的力量来自组织，组织的有效覆盖和工作的有效融合是党建发挥育人作用的前提。党的十九大报告明确提出：“要以提升组织力为重点，突出政治功能，把企业、农村、机关、学校、科研院所、街道社区、社会组织等基层党组织建设成为宣传党的主张、贯彻党的决定、领导基层治理、团结动员群众、推动改革发展的坚强战斗堡垒。”习近平总书记多次强调：“党的基层组织是党的肌体的‘神经末梢’，要发挥好战斗堡垒作用。”立德树人是高校的根本任务，也是高校各级党组织的首要职责。高校党委必须把立德树人作为人才培养的中心环节，增强基层组织的政治功能，确保坚持正确的政治方向，激发主体活力，将思想政治工作贯穿落实到立德树人的全过程；要将组织建设与教育引领深度融合，强化各级各类组织的育人职责，充分发挥政治优势、思想优势和组织优势，通过高质量党建领航全方位育人，确保育人主责主业通过各级党组织落细落实。

3. 党建为育人彰显优势

党建引领育人是个系统工程。因此，高校党委要承担好管党治党、办学治校的主体责任，充分释放党建效能，构建多维育人体系和协同育人机制。通过调动育人过程中的积极因素，整合所有育人资源和育人力量，统筹协调、上下联动，密切配合、渗透交融，形成育人的有机整体，把党的政治优势和组织优势转化为育人优势，实现各项育人工作同向同行，形成整体育人合力。同时，“高校党建工作不仅是高校人才培养的政治保障和组织保障，而且是高校育人体系的重要组成部分，其本身就是重要的育人过程”①。党建创新理论中蕴含的世界观和方法论是回答现实育人问题、破解育人难点的强大思想武器，要充分认识到中国共产党的发展历史蕴含丰富的教育意蕴、中国共产党的信仰追求蕴含美好的理想价值、中国共产党的工作方法蕴含深刻的辩证思维。高校要主动挖掘蕴含其中的教育资源，并运用到办学育人的过程中，从而彰显党建工作的教育价值。

总体而言，高校的党组织具有政治育人、思想育人、模范育人、载体育人和制度育人五个方面的育人功能。在政治育人方面，高校党委利用自身的全面领导地位，领导各级党组织通过开展育人工作，确保高校的社会主义办学方向。在思想育人方面，高校党组织增强和发挥思想价值引领功能，将思想价值观寓于知识传授中，实现党组织的思想育人功能。在模范育人方面，高校党组织以提升党员素质为前提，增强师生党员的先进性和影响力，以师生党员的先锋模范带头作用实现育人功能。在载体育人方面，通过不同的党建育人载体实现育人内容的实施，完成相关育人工作，实现党组织育人目标。在制度育人方面，利用高校党建育人相关制度体系中所蕴含的教育精神和价值意义，对党建育人形成的约束力，达到党建制度育人的实际效果。

（二）高校党建育人的科学内涵

高校党建育人是指在党的创新理论指导下，引领育人体系、师

① 朱善璐．高校育人党建是魂［N］．人民日报，2006-07-06（13）．

资队伍、课程体系和教育生态建设的教育理念、价值诉求和功能实现。高校党建育人随着时代发展而不断拓展，进入新时代，面对“两个大局”，高校党建面临新的问题，大学生的思想行为也有新的特点，高校党建育人被赋予了新的时代内涵。

1. 党建引领育人体系建设

习近平总书记强调，“各级各类学校党组织要把抓好学校党建工作作为办学治校的基本功，把党的教育方针全面贯彻到学校工作各方面”“加强党的领导和党的建设，加强思想政治工作体系建设，是形成高水平人才培养体系的重要内容”“人才培养一定是育人和育才相统一的过程，而育人是本。人无德不立，育人的根本在于立德。这是人才培养的辩证法。办学就要尊重这个规律，否则就办不好学”。以党的建设引领高校育人体系建设，要明确人才培养目标，人才培养目标是高校对于“培养什么样的人才”的理性思考和周密设计，具有导向价值、标识价值和激励价值。① 要紧紧围绕培养社会主义合格建设者和可靠接班人这个根本目标，明确培育时代新人的初心使命，将立德树人的内涵融入人才培养方案之中，厚植爱国情怀，培育创新能力，构建价值塑造、能力培养和知识传授“三位一体”人才培养体系，不断提高学生思想认识、政治觉悟、道德品质、专业知识和文化素养，引导学生树立正确的世界观、人生观、价值观，为培育大批堪当民族复兴大任的时代新人提供坚强的思想、政治和组织保证。

2. 党建引领师资队伍建设

教师是立教之本、兴教之源，新时代高校落实立德树人根本任

① 王严淞．论我国一流大学本科人才培养目标［J］．中国高教研究，2016（8）：13-19.

务的关键在于加强教师队伍建设。习近平总书记指出："教师是学生锤炼品格、学习知识、创新思维、奉献祖国的引路人，要让有信仰的人讲信仰。"新时代的高校教师不能只做传授知识的"教书匠"，而要成为塑造学生理想信念、道德品质的"传道者"。党建是建设高素质教师队伍的必要保证，加强新时代高校教师队伍建设，要坚持把加强党建引领摆在首要位置，以政治引领为先导，切实把好政治方向关；要把提高教师思想政治素质和职业道德水平摆到突出位置，增强"教育事业神圣、人民教师光荣"的职业认同度，以党性铸师魂，以党纪正师德，以党风促师风；要切实发挥教师的主导性和创造性，把提高政治素质、思想觉悟、专业素养自觉转化为育人的意识和能力，落实到教育教学的具体过程中，引导学生系好人生的首粒扣子，努力做"四有"好老师。

3. 党建引领课程体系建设

高校要切实提高政治站位和思想认识，以党的建设引领课程体系建设，确保课程体系建构和教学内容改革坚持正确的政治方向、价值取向和学术导向，统筹好课程建设的目标、原则、内容、方法等，将价值观引导始终贯穿知识传授和能力培养之中，形成知识和价值观教育的有效协调。高校要准确把握不同学科、不同性质课程的特点，深入挖掘各类专业课程的思政要素和育人内容，促进思政元素与专业知识实现有机融合，发挥课程的育人价值，彰显学科的育人功能，让思政之"盐"融于课程之"水"，使各类专业课程与思政课程同向同行，形成协同效应，构建全员、全过程、全方位育人大格局。同时，要深化党史学习教育，弘扬伟大建党精神，围绕育人讲好党建故事，把党史中蕴含的丰富育人资源融入课程教育教学体系，引导师生自觉运用马克思主义立场、观点和方法，分析问题、解决难题，增强政治认同、思想认同、理论认同、情感认同，真正做到内化于心、外化于行。

4. 党建引领教育生态建设

“知识是情境化的，并通过活动不断向前发展”①，高校要充分用好党史资源，创设教育情境，推动显性课程与隐性课程相结合、第一课堂与第二课堂相融合，开展生动多样的党建活动，坚持把党建重要内容贯穿于主题教育活动、学生日常管理、校园文化建设、社会实践活动的全过程、各环节，让学生在自我探索和主客体交往中，遵循体验—共鸣—感悟—践行的“情感—认知”形成规律，由“知”的认同转化为“行”的实践，把抽象的理论学习内化成言之有物、观之有形、触之有感、行之有度的感悟和体验。要充分挖掘党建资源，以党建引领教育生态建设，创新党建工作模式，促进主题党日活动与日常教育活动交融渗透，注重党团联动、组织互动、课堂内外协同，让学生在参与实践和环境熏陶中接受教育。要主动适应时代要求和青年特点，创新话语方式，创设传播新渠道、新手段，增强教育的亲和力和针对性。

总之，高校要始终坚持以高质量的党建促进学校高质量发展，把党对高校的全面领导落实到推动内涵建设和创新发展上，体现在落实立德树人根本任务中；把立德树人的成效作为检验高校所有工作的根本标准，引导广大师生提高政治站位，深刻领会“两个确立”的决定性意义，增强“四个意识”、坚定“四个自信”、做到“两个维护”，牢记“国之大者”。高校要切实把党建育人纳入人才培养、教学管理、学科建设、科学研究、社会服务的整体规划之中，落实

① 芦净.《思想道德修养与法律基础》课程情境化教学探索［J］. 当代职业教育，2013（5）：21-23.

到立德树人的具体实践中，贯穿思想教育、师德建设、教学科研等各个领域和各个环节，实现高校党建与办学治校各项工作深度融合，真正做到“围绕育人抓党建，抓好党建促育人”。

（三）高校党建育人的思想基础

党和国家历来高度重视党建育人工作，特别是党的十八大以来，高校党建育人工作取得了显著成效。在高校党建育人思想与实践的发展过程中，吸取了马克思主义经典作家关于党建育人的诸多思想理论，总结借鉴了中国共产党历届领导人关于党建育人的改革实践探索。

1. 马克思主义经典作家的党建育人思想

马克思主义经典作家关于如何在党的领导下把人民群众组织起来实现新社会育人目标，有着诸多深刻的阐述，是当前研究高校党建育人功能发挥的理论基础。虽然马克思主义经典作家的思想理论中没有明确提出党建育人的概念，但他们的思想理论中蕴含着丰富的党建育人思想元素。他们认为，要把无产阶级组织起来成为无产阶级政党，并以科学理论进行教育指导，这是教育培养新人并完成时代事业的重要保证。在《国际工人协会成立宣言》中，马克思指出：“工人的一个成功因素就是他们的人数；但是，只有当工人通过组织而联合起来并获得知识的指导时，人数才能起举足轻重的作用。”① 这就明确了马克思、恩格斯坚持从各种工人组织中发现培养先进分子，组建稳定的、以科学为指导的工人组织即共产党组织，通过党组织教育群众、激发群众意识、引领广大劳动群众。这种任

① 马克思，恩格斯. 马克思恩格斯选集：第一卷［M］. 北京：人民出版社，2012：10.

务的完成也必然依托的是党组织和其他群众组织对人民进行教育，通过党组织教育的形式使广大群众共同发挥推动社会进步的力量。

马克思在《资本论》中对教育的重要性做出明确判断，指出教育是“造就全面发展的人的唯一方法”①。恩格斯认为，“教育将使年轻人能够很快熟悉整个生产系统……使他们摆脱现在这种分工给每个人造成的片面性”。② 他们认为，共产党人有加强对工人群众的组织、教育和引导的责任，表明党组织教育功能的重要价值，并认为教育对于社会发展以及民众自身发展都是至关重要的。在《共产党宣言》中，马克思、恩格斯指出：“教育工人尽可能明确地意识到资产阶级和无产阶级的敌对的对立……以便在推翻德国的反动阶级之后立即开始反对资产阶级本身的斗争。”③ 在强调教育重要性的同时，指明了在与其他组织阶级联盟时不能成为附属品，无产阶级党组织要始终坚持自己的独立性，使自己的组织成为中心和核心，这与当前要求高校党委领导其他组织开展育人工作时，坚持党的领导核心地位，保证高校工作的政治方向是一致的。

革命导师列宁认为，“思想一旦掌握群众，就变成力量”。④ 无形的思想若要掌握群众，就要以共产主义党组织的形式去掌握群众，这就要求共产党组织对群众进行有效的思想教育，以此实现群众对共产党组织的思想理念的认可，推进受教育群众形成有效的社会力量。共产党执政以后，俄国马克思主义者进一步探讨了党的组织统合各类组织育人的问题。列宁非常重视组织的力量，要求共产党帮

---

① 马克思，恩格斯. 马克思恩格斯选集：第二卷［M］. 北京：人民出版社，2012：230.
② 马克思，恩格斯. 马克思恩格斯选集：第一卷［M］. 北京：人民出版社，2012：308.
③ 马克思，恩格斯. 马克思恩格斯选集：第一卷［M］. 北京：人民出版社，2012：434.
④ 列宁. 列宁选集：第三卷［M］. 北京：人民出版社，2012：359.

助工会和其他群众组织，积极参与这些组织进行工作，在此过程中对工会和其他群众组织进行社会主义思想的宣传工作，以此培育社会主义新人。同时，列宁也意识到学校各类组织教育的重要性，认识到学校应当成为共产党培养人才的重要阵地。列宁在《俄共（布）党纲草案》（1919）中指出："学校不仅应当成为一般共产主义原则的传播者，而且应当从思想上、组织上、教育上实现无产阶级对半无产阶级和非无产阶级的劳动群众的影响，其目的是培养能够最后实现共产主义的一代人。"① 对于新生的俄国共产党政权来说，需要大量人才推进国家建设与发展，但旧时资产阶级学校所培养的公民并不能满足新生政权巩固的需求，必须通过共产党组织自己建设领导的学校来培养。由此可见，学校作为培养共产主义人才的重要阵地，教育担负着为社会培养人才的重大责任与历史使命。对共产主义社会来说，执政的共产党在高校内掌握人才培养工作、参与人才培养的全过程，能够培育有政治信仰和文化素质的人才，培养为社会主义事业奋斗终生的时代新人。

总之，马克思主义经典作家强调党组织教育对人的全面发展、无产阶级事业发展的重要性，这为我们通过加强高校党的组织建设、发挥党建的育人作用、培养社会主义建设者和接班人提供了理论依据和实践指导。

2. 中国共产党关于党建育人的思想

中国共产党自诞生以来，便高度重视革命事业接班人的培养工作。为了保证伟大事业后继有人，中国共产党在继承马克思、恩格斯、列宁等经典作家关于党建育人思想的基础上，结合中国革命、

① 列宁. 列宁选集：第三卷［M］. 北京：人民出版社，2012：782.

建设和改革发展的具体实际，深入探讨了党组织统领各类组织的育人问题，形成了具有中国特色的高校党建育人思想。

在革命战争年代，毛泽东等人就开始注重关于共产主义事业接班人的培养问题。1938 年 10 月 14 日，毛泽东在中共六届六中全会上的政治报告中指出："中国共产党是在一个几万万人的大民族中领导伟大革命斗争的党……在中国人民的伟大的斗争中，已经涌出并正在继续涌出很多的积极分子，我们的责任就在于组织他们，培养他们，爱护他们，并善于使用他们。"① 可见，在当时，毛泽东已经认识到，对于革命事业中涌现出的积极分子，党组织应该加以培养教育，使其成长为能够担当更多责任与使命的人才。毛泽东在《中共中央关于九月会议的通知》中指出，"夺取全国政权的任务，要求我党迅速地有计划地训练大批的能够管理军事、政治、经济、党务、文化教育等项工作的干部"。② 毛泽东此时已经意识到，在新生政权建立之后，需要大量的人才进行新生政权的巩固和新生国家的建设工作，同时也指出，这批人才的获得，只能通过共产党组织的训练和教育。这显示出党组织对于培养教育人才的重要性。

中华人民共和国成立后，毛泽东更加注重在青年中培养大批的社会主义革命和建设事业接班人的问题。1953 年 10 月，中共中央发布了《中国共产党中央委员会关于加强党对青年团的领导给各级党委的指示》，要求各级党委要遵照毛泽东提出的意见，加强领导青年团工作，培养社会主义接班人。这显示出毛泽东对于党委领导其他组织进行人才培养的重视。1956 年年底，我国社会主义制度基本确立以后，毛泽东持续关注教育工作。毛泽东指出当时有部分知识分

① 毛泽东. 毛泽东选集：第二卷［M］. 北京：人民出版社，1991：526.
② 毛泽东. 毛泽东选集：第四卷［M］. 北京：人民出版社，1991：1347.

子和青年学生出现思想不正现象，为此指明要加强思想工作、政治工作，让他们在专业知识学习的同时，在思想上也学习进步。1957年6月19日，毛泽东在《关于正确处理人民内部矛盾的问题》中提出："我们的教育方针，应该使受教育者在德育、智育、体育几方面都得到发展，成为有社会主义觉悟的有文化的劳动者。"① 毛泽东突出强调的"有社会主义觉悟"，体现出我们党对德育工作的高度重视，是我国教育工作的指南。坚持党对教育事业的领导，保证了培养社会主义建设者和接班人育人方向，成为高校党组织领导高校其他相关组织发挥育人功能的重要理论来源。1957年3月7日，在普通教育工作座谈会上，毛泽东指出："党委应当指导青年的思想，指导教师的思想。"② 这也指明了党组织对于育人工作的重要价值。1957年3月17日，毛泽东致信周恩来等人时提道："大学、中学都要求加强思想、政治领导和改进思想、政治教育……要下决心从党政两系统抽调几批得力而又适宜于做学校工作的干部去大、中学校工作，要赋予高等教育部和教育部以领导思想政治工作的任务。"③ 毛泽东明确提出要让党组织领导高等教育工作，指明了高校党建育人的重要意义，为新时代高校党建育人提供了思想指引。

改革开放以后，中国共产党继续重视人才培养问题。1978年4月22日，邓小平在全国教育工作会议上的讲话中，以毛泽东同志提出的"三育两有"教育方针，回答了学校作为社会主义建设和培养人才的主要阵地，其培养人才的质量标准问题。同年10月颁布的

---

① 中央档案馆. 中共中央文件选集（1949年10月—1966年5月）：第三十八册［M］. 北京：人民出版社，2013：64.

② 中共中央文献研究室. 毛泽东文集：第七卷［M］. 北京：人民出版社，1999：259.

③ 中共中央文献研究室. 毛泽东年谱（1949—1976）：第三卷［M］. 北京：中央文献出版社，2013：25.

《全国重点高等学校暂行工作条例（试行草案）》，规定了高校实行党委领导下的校长分工负责制，指明党委和校长分工明确，且高校要坚持党对高校的领导。1998 年 8 月通过的《高等教育法》以法律的形式确立高校实行中国共产党高等学校基层委员会领导下的校长负责制，进一步明确了党对高校工作的领导。邓小平认为学校人才培养的关键在于教师。为充分发挥教师的作用，邓小平提出："各级党委和学校的党组织，应该热情地关心和帮助教师思想政治上的进步……要积极地在优秀的教师中发展党员。"① 由此可见，邓小平认识到高校党组织要通过教师这一关键因素，充分发挥育人功能，在优秀教师中发展党员以丰富高校党建育人的工作基础。党中央为高校教育制定的系列条例法规，以及高校育人的具体工作指示，体现出中国共产党对高校党建育人工作的高度重视。

以江泽民同志为核心的党中央始终坚持党在高校的领导地位，不断强化高校各级党组织在育人工作中的重要作用。多次召开高校党的建设工作会议，对高校党组织工作建设存在的各种问题进行深入的分析研究。党的十五大报告指出："党的基层组织都要从各自的特点出发，认真履行党章规定的职责，努力成为贯彻党的路线方针政策、团结和带领群众完成本单位任务的坚强堡垒。"② 强调高校基层党组织要领导高校育人工作，对高校在党的领导下坚持社会主义办学方向，有效贯彻党关于高等教育的决策部署，完成高校培养人才任务，推进高校在党的领导下平稳发展具有重大意义。党中央发布的《关于加强党的建设的通知》对高校党的建设具体工作和领导

---

① 邓小平. 邓小平文选：第二卷［M］. 北京：人民出版社，1994：109.

② 中共中央文献研究室. 十三大以来重要文献选编：下［M］. 北京：人民出版社，1993：1656-1657.

体制进行了系统部署，指出："高等学校实行党委领导下的校长负责制……无论实行何种体制，党委都是学校的政治核心，全面领导思想政治工作，管理干部，同时支持行政领导独立负责地开展工作，力戒包揽行政事务"，同时指出："校党委应配备专职书记或副书记，较大的系应配备专职总支书记，年级应配备做学生工作的专职干部"①，明确了高校党建育人工作的相关部署，阐明了在高校各项工作中党组织应发挥的作用，强化高校党组织在育人工作中的重要地位。1996 年颁布的《中国共产党普通高等学校基层组织工作条例》，巩固了之前关于高校党建设工作以及各项育人工作的安排，并对具体内容进行了详细阐述。1998 年《中华人民共和国高等教育法》再次明确我国高校制度，以法律形式巩固高校党委领导高校工作以及高校各级党组织在各项育人工作中的地位。

以胡锦涛同志为总书记的党中央同样高度重视高校党组织建设工作。在党的十七大报告中指明高校党组织应发挥自身推动发展、服务群众、凝聚人心、促进和谐的作用。② 胡锦涛在全国教育工作会议上指出，加强和改善党的领导是推动教育事业科学发展的关键。《国家中长期教育改革和发展规划纲要（2010—2020 年）》提出，"把全面贯彻党的教育方针、培养社会主义建设者和接班人贯穿学校党组织活动始终，坚持社会主义办学方向，牢牢把握党对学校意识形态工作的主导权""高等学校党组织要充分发挥在学校改革发展中的领导核心作用"。③ 这些观点指明了高校各级党组织保证高校贯彻

---

① 中共中央文献研究室．十三大以来重要文献选编：中［M］．北京：人民出版社，1991：70．

② 中共中央文献研究室．十七大以来重要文献选编：上［M］．北京：中央文献出版社，1991：41．

③ 人民出版社．全国教育工作会议文件选编［M］．北京：人民出版社，2010：124．

落实教育规划纲要的重要任务，为高校党的建设工作指明了方向，也为高校各级党组织发挥育人作用提供了重要保障。2010 年 6 月 23 日，胡锦涛同志在十七届中央政治局第 21 次集体学习时指出，要重视在高校优秀人才群体中发展党员，在高校党组织活动中贯穿党的教育方针，强调“发挥党组织在推进教学改革、搞好教书育人、加强教师队伍建设中的领导核心作用”，① 高校的党建育人价值更加彰显。

党的十八大以来，面对“两个大局”，以习近平同志为核心的党中央更加高度重视党对高等教育的领导，提出了系列推进高校党建育人的新思想、新理念、新方法，为新时代高校党建充分发挥育人功能、落实立德树人根本任务提供了行动指南。2016 年 12 月，习近平总书记在全国高校思想政治工作会议上强调：“我们的高校是党领导下的高校，是中国特色社会主义高校”②，指明了我国高校的办学方向，明确了我国高校各项工作的领导核心是党，为高校发挥党建育人功能、落实立德树人根本任务提供了理论依据。2017 年，教育部颁发的《关于加强和改进新形势下高校思想政治工作的意见》，明确了高校各级党组织在育人工作中的地位与责任，表明了中国共产党高度重视党对高校的领导，重视通过加强高校党建在育人工作中发挥更加重要的作用，为推进和保障高校落实立德树人根本任务，培养堪当民族伟大复兴重任的时代新人提供了制度保证。2018 年 9 月，习近平总书记在全国教育大会上指出：“要建立党委统一领导、党政齐

① 党建读物出版社. 党的十七届四中全会《决定》学习辅导百问［M］. 北京：党建读物出版社，2009：19-20.
② 习近平. 习近平谈治国理政：第二卷［M］. 北京：外文出版社，2017：377.

抓共管、有关部门各负其责、全社会协同配合的工作格局”①，并强调：“各级各类学校党组织要把抓好学校党建工作作为办学治校的基本功，把党的教育方针全面贯彻到学校工作各方面”。② 习近平总书记的重要论述在明确加强党的全面领导是保证我国教育方向的同时，表明了高校党组织应担负起育人的职责和使命，为构建高校党领导下的育人新格局提供了根本遵循，是高校发挥党组织的育人功能并推进党建育人工作的重要保障。

二、高校党建育人的基本特征

进入新时代，高校的党建育人展现出鲜明的时代特征，准确理解党建育人的基本特征，是把握党建育人规律的基本前提，是运用党建育人方法的重要基础，对做好新时代高校党建育人工作具有十分重要的理论意义和现实价值。

（一）方向性是高校党建育人的首要特征

新时代高校党建育人的目标指向是“立德树人”，根本是要解决好“培养什么人、怎样培养人、为谁培养人”的问题。解决这个问题的首要前提就是“必须坚持正确政治方向”③，即方向性是新时代高校党建育人的首要特征。从领导主体来看，高校党建育人工作强调更加突出党的领导，强调要牢牢掌握党对高校人才培养工作的领导权，始终坚持以党的教育方针为指导，从根本上确保高校人才培

① 习近平. 习近平谈治国理政：第三卷［M］. 北京：外文出版社，2020：350.

② 习近平. 坚持中国特色社会主义教育发展道路培养德智体美劳全面发展的社会主义建设者和接班人［N］. 人民日报，2018-09-11（01）.

③ 习近平. 习近平谈治国理政：第二卷［M］. 北京：外文出版社，2017：377.

养工作沿着正确的方向发展。从育人目标来看，高校党建育人肩负着为党和国家培养人才的重要使命，要不断培养出拥护中国共产党领导和我国社会主义制度、立志为中国特色社会主义奋斗终生的有用人才。从育人内容来看，新时代高校党建育人始终以马克思主义为指导，在育人过程中注重以习近平新时代中国特色社会主义思想铸魂育人，不断增强社会主义意识形态的凝聚力和引领力，实现对学生思想与行为的价值性主导和倾向性引导。总体而言，无论是从领导主体还是从育人目标或育人内容来看，方向性始终是新时代高校党建育人的首要特征。

（二）服务性是高校党建育人的鲜明特征

新时代高校党建育人的价值指向是“以学生为中心”，其出发点和落脚点在于服务学生成长成才，这就要求高校突破“重管理轻服务”的思维定式，使“行政指令逐步减少，服务功能逐渐凸显”①，从而将党建工作的本质推向服务育人的思维路径上来。从党建育人理念来看，高校党建育人要打破传统以政治权力为主导自上而下的单向度管理理念，由“官本位”向“学生本位”转变；党建育人过程要紧紧围绕学生，注重人文关怀，通过尊重、关怀学生的方式达到凝聚、启发、引领、激励学生的目的。从党建服务供给来看，高校党建育人立足于学生的内在需求，将解决实际问题与解决思想问题紧密结合，通过提供丰富多元的党建服务内容，满足不同学生个体的特殊需求，从而在服务学生的过程中教育学生、引导学生，彰显高校党建工作的育人价值。全心全意为人民服务是我们党的根本

① 冯刚．改革开放以来高校思想政治教育发展史［M］．北京：人民出版社，2018：456.

宗旨，建设服务型政党是我们党坚持“立党为公、执政为民”的合乎逻辑的发展方向。高校党建育人正是通过转变党建育人理念、强化服务供给能力和提升工作的服务性来满足学生全面发展的时代要求，这也是建设服务型政党的内在需要。

（三）规范性是高校党建育人的重要特征

新时代高校党建育人的坚实根基是“制度之治”。制度建设是全面从严治党的重要保障，要更加突出制度在高校党建育人中的基础性作用。恩格斯曾指出，“在社会发展的某个很早的阶段，产生这样一种需要：把每天重复的生产、分配和交换用一个共同规则约束起来，借以使个人服从生产和交换的共同条件。这个规则首先表现为习惯，不久便成了法律”[①]。恩格斯的重要论述不仅表明了制度的产生与发展，还体现了制度的基本特征就在于对个人的“约束”，即规范性。制度的规范性特征决定了高校党建育人的规范性特征。从制度制定来看，高校党建育人制度必须在党内法规和大学章程的架构中制定与实施，做到制度制定“于法有据、于章程有据”。同时，制度制定的规范性还体现在制定过程的规范性。在制度起草、审查、决定过程中严格落实师生参与、专家论证、风险评估、合法性审查和集体讨论决定等基本的程序要求。从制度执行来看，高校党组织要严格按照制度要求，规范制度执行程序，在规范化执行制度的过程中引导学生对自己的行为做出选择，使制度由外在他律转化为学生自身需要的内在自律。制度本身具有天然的育人价值，良善的制度使人遵守，不好的制度使人变坏，高校党建必须引领好制度育人

① 马克思，恩格斯．马克思恩格斯选集：第三卷［M］．北京：人民出版社，2012：260.

工作。

（四）创新性是高校党建育人的时代特征

新时代高校党建育人打破了单纯依靠制度进行强制性管理的育人方式，把规范管理的严格要求和“润物细无声”的教育方式结合起来，这是对青年学生的人性尊严从隐性需求转变为显性需求的时代回应，体现出鲜明的创新性。一是遵循学生成长规律。青年学生正处于人生成长的关键期，行为习惯养成尚未完成，价值观塑造尚未成形，情感心理尚未成熟。新时代高校党建育人正是基于青年学生思想与行为特点，从构建学生完善的内心世界出发，将严格管理与思想引领和心理建设相结合，既发挥了制度的规范性功能，又增强了党建育人的可接受性。二是采用创新的育人方式。新时代高校党建育人要更加注重使用情感、文化、精神等育人手段，党建育人主体在育人的过程中要对学生给予充分的关注、尊重与信任，从而构建融洽的师生关系，激发学生的内心情感，使蕴含于育人过程的思想观念、政治观点和道德规范以潜移默化的形式传输给学生。三是注重对学生个体的关怀。当代大学生具有强烈的自主意识和独立倾向，体现出某种程度的非组织化特征。新时代高校党建育人要更加注重对不同个体的个性化关怀，在管理过程中提供不同层次、丰富多彩的育人内容，以满足不同学生的个性化发展需求。

第二章　高校党建育人的研究进展和基本经验

一、高校党建育人的研究进展

关于高校党建育人问题，学界从多维度、多视角进行了探索研究，但尚未形成完善的研究体系，研究的深度和广度有待加强，还存在理论研究与实践探索不同步的现象，因此，有必要对相关研究进行系统梳理分析，为提升党建育人质量提供理论指导。

（一）关于高校各级党组织党建育人的研究

1. 关于学生党支部党建育人的研究

高校学生党支部是党员成长发展的重要组织，是学生党员进行理论学习、养成规矩纪律、培养政治意识的重要阵地。余乙兵对高校学生党支部育人工作面临的挑战进行了阐述并提出优化策略，认为高校学生党支部育人工作面临的挑战主要是上级党委对学生党支部建设工作重视程度不够、学生党支部的规范化建设不足、学生党支部委员会建设较为薄弱、学生党支部活动内容缺乏吸引力以及党建促团建作用发挥有限等方面，并提出把学生党支部建设纳入对上级党委进行考核的重要指标、充分发挥党员领导干部的示范引领作用、切实严格落实党支部政治生活各项规定、创新党支部活动形式、抓好党支部书记队伍建设、加强党务工作统筹等对策建议。① 陈菡和刘克勤探讨了高职院校学生党支部的育人实效提升路径，在分析高职院校学生党支部育人功能时代意义和存在问题的基础上，从注重融入专业特色、注重创新育人载体、注重整合校内外资源、注重党建队伍专业化建设等方面提出育人实效的提升路径。② 董业凤以体育专业为例，探索了高校大学生党支部党建育人的创新与实践问题，认为新时代高校党建工作的创新性开展有利于全面从严治党的方针政策在高校贯彻落实、有利于高校立德树人目标的实现和有利于培养社会主义建设者和接班人，提出高校学生党支部的建设要主动破解党建育人面临的难题，将党建工作与人才培养相结合，根据不同专业的特点创造性地开展包括专业教育、志愿者服务和大学生思想政治教育的党建活动，形成高校学生党支部党建育人的新模式。③ 唐浚泷从高校学生党支部“三全育人”的视角提出，高校学生党支部育人作用的发挥要通过朋辈引领发挥党员的全员育人作用，把协同联动团支部、班级贯穿育人全过程，聚焦主业全方位覆盖学生发展进行育人实践分析，服务青年学生成长，从而增强学生党支部的组织力和政治功能，丰富基层党建模式。④ 王莹认为，高校学生党支部由于其自身的局限性和重要性，迫切需求协调多方力量，通过与相

---

① 余乙兵．高校学生党支部育人工作面临的挑战及优化路径［J］．学校党建与思想教育，2020（10）：44-45.

② 陈菡，刘克勤．新时代高职院校学生党支部育人实效提升路径探析［J］．大学，2021（42）：94-96.

③ 董业凤．高校大学生党支部党建育人创新与实践探索：以体育专业为例［J］．开封文化艺术职业学院学报，2021（9）：84-85.

④ 唐浚泷．发挥好高校学生党支部的育人作用［J］．社会主义论坛，2021（9）：52-53.

关支部实现党建联动、资源共享与优势互补；通过外寻合作构建“1+X”党建互助模式，提升新时代学生党支部的育人功能。① 尹晓娟和郭珍磊认为，高校学生党支部育人功能的实现路径要通过做好顶层设计，坚持不懈开展支部思想建设和平台建设，建构育人体系；加强组织联系，发挥支部育人纽带作用，加强制度建设等途径，推进形成育人功能长效机制。② 吴巧慧从四个维度探讨提升高校学生党支部组织生活育人的功能，即从政治、思想、纪律和管理方面不断强化育人功能，不断提高党支部的建设质量，实现高校学生党支部立德树人的主体责任。③ 总体来看，关于学生党支部党建育人的研究尚未形成体系，研究层次有待提高，研究视野有待拓展。

2. 关于教师党支部党建育人的研究

高校教师党支部也是党建育人的重要力量，近年来受到学界较为广泛的关注。刘清丽提出了高职院校教师党支部党建引领“三全育人”的实施路径，即发挥教师党支部的政治引领作用提升全员育人能力；强化教师党支部的主体责任，构建全过程育人体系；创新教师党支部的活动载体，搭建全方位育人平台。④ 郭强和毛维认为，高校教师党支部党建是高校党建的重点环节，随着高校管理和思政工作不断下移，高校教师党建工作育人功能不断凸显⑤；通过分析新

---

① 王莹．新时代学生党支部育人功能提升研究：以“1+X”党建互助模式为例［J］．吕梁教育学院学报，2020，37（2）：48-49.

② 尹晓娟，郭珍磊．高校学生党支部育人功能实现的路径研究［J］．成都中医药大学学报（教育科学版），2019（2）：92-94.

③ 吴巧慧．提升高校学生党支部组织生活育人功能的四个维度［J］．思想理论教育导刊，2019（7）：132-134.

④ 刘清丽．高职院校教师党支部党建引领“三全育人”实施路径探索［J］．辽宁农业职业技术学院学报，2022，24（1）：23-26，59.

⑤ 郭强，毛维．高校教师党支部党建育人创新模式探索［J］．教育现代化，2019，6（8）：13-15.

形势下高校教师党建工作存在的问题及人才培养过程遇到的“瓶颈”，提出师德师风建设长效机制、“课程思政”课堂教学改革、“科研育人平台”和师生支部共建等措施，探索“教学、科研和思政融合式教师党建育人创新模式”。方芳认为，高校教工党支部育人作用发挥的路径是发挥课堂育人主渠道作用、发挥实践育人抓手作用、发挥结对共建纽带作用、发挥“微平台”阵地作用。① 同时提出高校教工党支部发挥育人作用的保障机制是强化组织领导，重视和倡导教工党支部发挥育人作用；健全制度保障，引导和激励教工党支部提升内生动力；加强队伍建设，选好和配强党支部班子。王跃年提出了高校教师党支部的立体化育人模式：教师党支部发挥育人作用的工作内容包括学生的学业辅导、专业技能培养、科技活动指导、个性化培养、就业指导等方面，教师党支部发挥育人作用的载体建设包括深入开展师生党支部联建活动、“党员示范岗”活动、党员志愿服务活动等，使教师党支部在“三全育人”中发挥示范引领作用。胡吉芬和刘明探讨了高校党支部组织育人机制的构建问题，认为高校党支部作为党在高校工作中的“神经末梢”，是落实立德树人根本任务的关键基础、基本单元和核心力量，高校党支部组织育人效能和效度直接关系高校立德树人根本任务落实的高度、深度和广度。构建高校党支部组织育人机制应统筹各方面工作，从整体上构建组织育人体系，构建提升党支部自身建设、协同育人、品牌创建和保障体系，坚持实事求是的科学研究态度和坚持调查研究的实践工作方法，这是培养德智体美劳全面发展的社会主义建设者和接班人的必然要求。

---

① 方芳．高校教工党支部育人作用发挥路径和机制的探究［J］．决策探索（下），2018（5）：41-43.

3. 关于二级院系党组织党建育人的研究

二级院系处在高校办学和育人工作的前沿阵地，具有承上启下的重要作用，二级院系党组织肩负着服务育人的重要责任。齐清和史建民认为，二级学院党组织在党建育人方面具有思想引领功能、组织保障功能和渗透凝聚功能，提出要通过夯实党建服务育人工作基础、树立党建服务育人思想理念、提升党建服务育人队伍战斗力、激发教工党员服务育人潜能、丰富党建服务育人内容等方式，推动实现二级学院党建育人的创新发展。① 莫靖聪和张景新认为，高校党建育人与立德树人融合的必要性体现在党建育人为立德树人明确了方向，立德树人为党建育人丰富了内容和载体，两者融合的契合之处在教育目标、教育内容、教育师资和教育载体，从而实现深化办学理念、健全完善中国特色大学制度、提升人才培养质量，转化大学生思想教育成果、推动内涵式发展，促进学校整体育人效果的时代价值，探索出从机制构建、队伍打造、平台搭设方面的融合路径。② 华国春立足“三全育人”体系建设，提出高校党建工作的新路径：丰富基层党组织活动形式，提升基层党组织育人活力；加强教师及学生党性修养，汇聚思想育人凝聚力；加强党建工作队伍与阵地建设，提高党建育人队伍战斗力；整合高校党建育人机制，充分发挥党建育人合力。③ 李婷婷提出“大思政”视域下高校党建育人的实现途径，即与高校人才培养方案紧密结合，全面融入育人过

---

① 齐清，史建民．高校二级学院党建工作服务育人功能的实践探索［J］．山东农业大学学报（社会科学版），2017，19（1）：124-127.

② 莫靖聪，张景新．互联网时代高校党建育人与立德树人融合的研究［J］．高校后勤研究，2021（12）：54-57.

③ 华国春．基于“三全育人”的高校党建工作路径研究［J］．领导科学论坛，2021（1）：157-160.

程；完善党建育人体系，构建从制度到保障的育人格局；明确各育人主体职责，形成“五位一体”育人合力；传统方式与融媒体相结合，构建全覆盖育人平台。崔鹏认为，党建育人的途径包括以体制机制建设为先导，保障党建育人工作有效开展；以新媒体发展为契机，创新党建育人方式；以党建带团建为载体，推进党建育人与思政育人实现深度融合；以党员教育为突破点，发挥党建育人示范引领作用。赵国峰、李桂荣、范家明等提出“党建+”育人模式的内涵，介绍“党建+”育人模式的主要做法和成效，认为“党建+”育人模式要充分发挥党支部的主体作用，深刻认识党建引领与实践育人的辩证高效，找准“党建+”育人工作的着力点。① 张攀和徐颢芳提出“四位一体”的高校基层党建育人体系构建实践进路：提升基层党组织组织力建设、加强党员队伍先进性建设、强化党务工作者队伍专业化建设、坚持党建工作协同化建设。②

4. 关于高校机关党组织党建育人的研究

高校机关党组织和党员干部在高校各项工作中具有管理、协调和决策的职能。因此，在“三全育人”视域下，做好高校机关的党建工作，也是育人的重要任务。对于高校机关党组织党建育人的研究，目前学界也进行了初步探索。刘佳丽和杨艳秋从注重目标引导、打造三个平台、加强制度建设三个维度，阐述了高校机关党建育人的必要性和可行性。吕芳萍在剖析我国高校机关党建育人功能的基础上，提出建立健全高校党建工作机制、积极培养优秀的党员人才、

① 赵国峰，李桂荣，范家明．高校二级学院“党建+”育人模式探索［J］．河北经贸大学学报（综合版），2021，21（1）：92-95.

② 张攀，徐颢芳．高校基层党建育人体系的构建逻辑与实践路径［J］．北京教育（德育），2021（11）：15-18.

健全民主的评价考核机制、推进党建育人不断创新等高校机关党建育人的可行性建议。[①] 娄琴等认为，高校机关党建能否发挥育人功能，关键在于构建科学的长效机制。通过完善与共建支部的工作机制，出台机关党组织在人才培养中作用发挥的工作考核机制，形成民主监督的管理机制、民意畅通的表达机制和师生积极参与的动力机制等发挥高校机关党建育人的功能。邱冠文等基于 H 高校机关支部与学生支部结对共建的实证分析，认为党建育人是高校党建的重要职责，机关党组织与学生党支部结对共建，能够推动机关党建育人体系的构建，主要是发挥模范引领、组织引领、约束规范和教育培育等功能。[②] 从研究质量来看，目前关于高校机关党组织党建育人的研究有待提升，研究数量也不多，研究视角也有待拓展。

（二）关于高校党建育人功能定位和路径优化的研究

1. 关于高校党组织育人功能定位的研究

关于高校党建育人的功能定位，学界主要从党组织的功能来源和党组织的工作地位进行探究。从功能来源来看，孙晓峰认为，高校党委全面领导力来源于理念认同、价值认同、文化认同和情感认同等，其本质是政治统驭力、思想引领力、组织凝聚力、科学决策力、动员号召力、督查落实力、执纪问责力等相互间的良性互动。他认为，高校党支部具有政治统驭、思想引领、组织凝聚、科学决策、动员号召、督查落实、执纪问责的功能。[③] 谢守成认为，高校组

① 吕芳萍．试析新时期高校机关党建育人功能［J］．成功（教育），2012（1）：329.

② 邱冠文，陈德权，肖华．人才培养理念下的高校机关党建育人体系研究：基于 H 高校机关支部与学生支部结对共建的实证分析［J］．长江丛刊，2016（6）：118-119.

③ 孙晓峰．新时代提升高校党委全面领导力的路径探索［J］．思想理论教育导刊，2018（12）：132-136.

织育人是指党团学群等组织依托组织建设、组织工作和组织活动，发挥对师生的政治引导、思想引领、团结凝聚、联系服务功能，提升师生的思想政治素质，促进师生全面发展。① 从高校党组织的工作地位来看，骆郁廷认为，高校党组织在思想政治工作中担任主体责任，在高校思政工作中具有党政关系中的核心领导功能、上下关系中的主导联动功能、党群关系中的思想引领功能、德才关系中的铸魂育人功能。② 李珂认为，高校基层党组织是党联系服务高校师生的桥梁纽带和做好思想政治工作的组织依托，在高校治理中主要承担着以下功能：政治引领、战斗堡垒、模范带动、联系服务。③ 也有学者根据《条例》指出的高校党组织的功能对其具体功能进行分析界定，从党支部的生活角度对党组织功能进行界定，如吴巧慧认为，党支部组织生活具有政治教育功能、思想教育功能、纪律教育功能、管理教育功能。④ 可见，当前学界对高校基层党组织功能定位的研究较多，众多学者对高校党组织功能提出了不少的看法与见解。综合来看，大部分学者认可高校党组织具有政治上的引导、思想上的引领功能；部分学者认为党组织也发挥凝聚组织、联系服务的功能；少数学者认为，高校党组织发挥着科学决策、行动号召、监督保障、执纪问责、服务管理、桥梁纽带、战斗堡垒、促进和谐等功能。这些功能可以总结为政治方向上的引导功能、思想建设上的引领功能、行动上的模范号召功能、沟通中的桥梁纽带功能、工作中的监督保

① 谢守成，文凡. 新时代高校组织育人的逻辑定位、现实境遇与实施策略［J］. 思想理论教育，2019（5）：95-100.

② 骆郁廷. 论高校党组织思想政治工作的主体责任［J］. 思想理论教育，2017（3）：4-9.

③ 李珂. 高校基层党组织建设应抓好“五态”［J］. 中国高等教育，2017（23）：49-50.

④ 吴巧慧. 提升高校学生党支部组织生活育人功能的四个维度［J］. 思想理论教育导刊，2019（7）：132-134.

证功能五个方面。

2. 关于高校党组织发挥育人功能的研究

进入新时代，高校党组织发挥育人功能的实践取得了明显的成效与丰富的经验。高校党组织的育人功能在实际运行中取得较大成就并发挥重要作用，学者从不同视角对其取得的成效经验进行了研究，如谢守成、文凡结合新时代高校组织育人的逻辑定位，总结当前高校组织育人通过长期的发展取得较好成效，始终坚持党对高校的领导、保证社会主义办学方向、高校党组织开展组织生活状况越来越规范、高校党组织开展组织生活的覆盖面逐步扩大，促进了高校教育管理工作的科学化、规范化，推进了马克思主义和党的创新理论成果在高校组织中的有效传播。① 有学者结合党组织育人的具体形式总结了取得的经验，认为组织育人能够将教育者与受教育者相连接，以潜移默化的方式对学生进行教育。部分学者结合高校党组织育人的具体内涵和基本原则，认为当前高校党组织育人较好地做到政策的上传下达落实，在育人形式上能创新运用新媒体新技术拓展教育载体，同时根据高校党组织育人的原则，能够有计划地开展培训、组织政治性学习。

当前，就高校党组织育人功能发挥所取得成就的相关研究还较少，但综合学界的研究观点，发现高校党组织育人在政治育人的引导方面，能够做到坚持党对高校的领导，保证社会主义办学方向；在思想育人的引领方面，能够将思政课的内容潜移默化地影响学生，推进马克思主义党的理论在高校有效传播；在模范育人的行动号召方面，能够通过党组织的活动，发挥党员模范带头作用，实现党组

---

① 谢守成，文凡．新时代高校组织育人的逻辑定位、现实境遇与实施策略［J］．思想理论教育，2019（5）：95-100.

织育人功能；在桥梁纽带方面，高校党组织不仅能够通过组织活动沟通教师与学生，使思政课内容更好地被学生接受，而且能够结合使用网络虚拟现实来丰富育人载体；高校党组织也通过组织活动，能够监督思政课在高校的顺利开展，保证思政课教学入脑入心。

对高校党组织发挥育人功能面临问题的研究。有学者结合具体的调查问卷分析总结当前高校党组织发挥育人功能面临的问题，如王帅根据调查问卷总结得出，高校党组织存在育人作用发挥不充分、组织生活制度执行不到位、育人方式简单和党务工作者育人能力相对不足的问题。① 曹锡康也通过调查问卷的方式得出，高校在组织育人方面既取得了良好效果，也存在不足，主要体现在党组织育人作用"层层递减"现象、育人中发挥作用的提质增效空间不足、组织育人创新实践缺乏广度和深度。② 部分学者从多维度分析当前高校党组织发挥育人功能存在的问题，如王里和朱旗从主体与制度两个层面进行分析总结，认为在主体层面上面临文化多元加深大学生个体之间的差异性、加重高校的思政工作难度、使高校师生的价值观念发生偏离等；在制度层面上存在文化多元使得高校意识形态话语权建设、高校党员的社会沟通机制面临困境，高校党建未能发挥应有的功能、党建工作责任机制未能真正在高校落实。③ 也有学者针对高校党组织的育人功能进行问题分析，如陈荣武从高校党组织育人的不同功能总结当前高校组织育人政治功能和政治性有所弱化，高校

① 王帅. 高校党组织育人现实考察与提升路径探析［J］. 广西社会科学，2018（2）：214-217.

② 曹锡康. 高校组织育人：现状考察与机制构建［J］. 思想理论教育，2018（11）：91-95.

③ 王里，朱旗. 高校党建研究的双重纬度：主体及制度［J］. 江苏高教，2018（2）：66-69.

组织育人领导力和组织力有所缺失，高校组织育人责任和功能体系不够清晰，高校组织育人专业化参与、协作性发展不充分。[①] 有学者提出，高校党组织在育人过程中存在政治功能弱化、部分政治功能缺失，服务功能发挥不到位、出现服务功能缺失现象，导向功能受到多方面限制等功能问题。从党建工作内容层面来看，李荣胜针对党建工作总结当前存在的问题有：高校领导班子执行抓党建意识不强、能力不足、制度不严，高校基层党组织弱化，高校思想政治理论教育实效性不足。[②] 部分高校因更为注重教学科研工作，对德育、心理教育等方面有所忽视，这使得高校党组织在育人方面可能存在工作盲区。

综合上述观点可以看出，高校党组织在育人的政治引导方面还存在政治功能弱化的现象，主要表现为：当前高校的学生组织较多，部分党组织设置不能适应新形势，使得党组织的政治功能出现空当，出现政治凝聚力弱化问题；在思想引领方面，思政课内容充实方向正确，但由于高校受多元文化的影响，在思想引领方面还面临困境；党组织也存在组织力薄弱的问题，党组织在组织活动中与师生沟通的渠道受阻，沟通效果不理想，高校党组织的桥梁作用未能有效充分发挥；党组织行动号召功能的发挥与活动组织者和党员模范者自身关系紧密，但由于高校组织育人的组织者专业化水平有限，部分师生党员也存在先进性有待提高的问题；缺少激励评价机制，制约高校党组织的监督保障功能。

① 陈荣武．高校组织育人协同体系建构及其功能实现［J］．思想理论教育，2018（3）：95-99.

② 李荣胜．新形势下高校党建存在的问题及对策［J］．中州学刊，2016（4）：17-20.

3. 关于高校党组织育人路径优化的研究

高校党组织发挥育人功能最终还是要落实到育人的工作路径上来。因此，关于高校党组织发挥育人的路径优化研究相对较多，主要有以下几方面：一是从政治层面来研究。赵荣坡认为，优化党组织发挥育人功能的路径有：发挥高校党组织核心主体作用，使其职能与发挥的作用相衔接；坚持正确方向，增强高校基层党组织建设的政治定力；强化政治性与学习性，夯实高校党组织本职工作的根本基础。① 二是从育人主客体角度来研究，学界的基本观点是：完善组织育人主体；加强党务工作队伍素质和能力；加强党员培养教育与管理；激发党员干部参与“全员育人”的内在动力；以加强党员干部队伍建设为关键，精心打造党员干部队伍等方式方法。② 学者从育人载体或方式角度分析提出党组织发挥育人功能的路径优化主要有：育人方式要与时代发展相适应；探索和构建网络时代全员育人工作新模式等。三是从党组织生活角度来研究。学界的主要观点是：坚持和完善党组织生活制度与活动相适应；拓展组织育人载体、改进组织育人方法等。从强化党组织育人保障的角度来看，学界认为：完善高校基层党组织建设的制度；坚持高校党组织本职工作内容目标的服务性与管理性；建立健全相关制度；提高“全员育人”制度化、规范化和科学化水平。

高校党组织育人实际上是将组织建设和教育引领相结合，但根据现实情况和众多学者的分析，可以看出，当前高校党组织在育人功能发挥上仍存在不少问题，对高校党组织育人功能路径优化的研

① 赵荣坡．高校党组织如何做好本职工作［J］．人民论坛，2019（8）：82-83.

② 吴国友．高校基层党组织参与“全员育人”工作之我见［J］．学校党建与思想教育，2015（10）：22-23，36.

究仍需拓展。综合上述观点，结合高校党组织育人现状的研究，对高校党组织育人功能的路径优化可从以下五个方面来展开：基于党组织政治核心地位与政治方向的主导地位，强化党组织政治育人的领导力；立足高校校园文化建设和思想政治教育工作实际，增强党组织思想育人的引领力；以提升党员素质和党组织活动质量为基础，提升党组织模范育人的号召力；在优化利用现有育人载体和探索育人新载体中，加强党组织载体育人的驱动力；通过完善高校党组织育人责任体系、监督反馈机制、考评奖惩机制，提高党组织制度育人的约束力。

二、高校党建育人的基本经验

我国高校在党建育人方面进行了多年探索，积累了丰富的经验，特别是党的十八大以来，各高校深入开展党建育人实践探索，形成了以下几个基本经验：

（一）提升党的组织力，坚持办学育人的政治方向

党的组织力不仅关系党建育人效能的发挥，更关系办学育人的政治方向。近年来，各高校主要通过以下三个方面加强党的组织力建设：一是强化党的政治引领。牢牢把握社会主义办学方向，坚持以习近平新时代中国特色社会主义思想为指导，巩固拓展“不忘初心、牢记使命”主题教育成果，深入开展“党史”“四史”学习教育，加强对高校各项工作的政治领导和把关，通过开展党的组织活动，严格党内政治生活，抓牢抓实组织生活会、民主生活会，分层分类设计实施实践育人活动等，加强对师生的政治引领和政治凝聚，构建育人育才的组织环境，将“国之大者”转化为“心之动者”，

把“心之动者”转化为“行之实者”。二是创新党的组织设置。各高校不断强化党建的工作覆盖和组织覆盖，按照“党建+学科建设”“党建+教学科研”“党建+管理服务”等，试点成立依托科研团队、课程、学科点的党支部，将支部建在学术组织上和公共课上、建立导生导师制或研究生师生混编党支部、在脱贫攻坚前线或学生社团成立临时党支部等，不断提升“三全育人”的针对性和有效性，形成“党建+育人”的组织模式，推动党建与教学、科研、管理、服务的深度融合。三是强化党的示范带动。以标杆院系、样板党支部、“双带头人”教工党支部、支部书记工作室、示范党课、党建工作案例、组织生活和主题党日观摩、线上线下党建育人阵地建设等要素为抓手，做到全员参与、全面检视、定向培育，通过党课观摩、现场实践、校史挖掘、工作研讨等厚植党建育人氛围和社会主义大学的红色基因，打造“一党委一品牌、一支部一特色”的基层党建育人格局。

（二）加强党员的先进性教育，坚持为党育人为国育才

党员的先进性教育是发挥党员先锋模范作用的前提。一是坚持把政治标准放在首位。各高校认真贯彻落实《中国共产党发展党员工作细则》和《普通高等学校学生党建工作标准》，准确把握高校学生思想特点和发展趋势，做好选苗育苗、谈心谈话，激发青年学生的入党热情。加强党员的日常教育和成长引领，通过入党前“公开答辩”、入党后“述责答辩”、日常教育中“定岗明责”等加强发展考察和党员的教育、管理、监督，将学生的日常表现同政治立场结合起来，把学业成绩、学术成果同参加集体活动、联系服务群众的情况结合起来，把个人思想汇报、自我评价同党员、群众反映结

合起来，看本质、看底色、看主流、看发展，保证发展质量，为党育人、为国育才蓄积青年力量。二是注重党员教育内容供给。各高校不断加强党员教育的规范化，坚持每月组织生活指导性计划的常态化机制，注重“指导性内容+自选动作”相结合，引导基层党组织结合教学科研与管理服务特点开展工作。如有的高校围绕线上线下教学衔接、科研工作、成长成才等开展支部工作，激发教师党员的育人创造力和支部的育人凝聚力；有的高校以红色文创赋能党员教育，通过调研培育挖掘基层党组织特色党课资源，探索 VR 实景技术虚拟现场教学，将艺术、劳动、校史融入党课，结合党课观摩教学和“党课开讲啦”等，打造大批具有家国情怀、校本特色的系列党课；有的高校定期策划组织示范党课，灵活运用线上线下互动形式，推进党建育人内容供给的日益优化和党建育人氛围的日益浓郁。

（三）强化党务队伍建设，为人才培养提供治理要素

党务工作队伍的专业化建设问题，事关立德树人的高质量发展，事关高校治理体系和治理能力的现代化程度。近年来，各高校根据高等教育治理体系建设和治理能力提升的需要，不断加强党务工作队伍的专业化建设。一是加大学术优、党性强、善管理的骨干教师担任基层党组织书记的选育培养力度。围绕高校治理体系和治理能力现代化，自觉对标能力要求，通过压担子、给任务等办法，加强教学科研型党支部书记“双带头人”队伍建设的内涵，优化管理服务型党支部书记构成，明确机关党支部书记由部（处、室）正职党员领导干部担任。常态化开展党务工作者培训，坚持问题导向与目标导向，引导党务工作者不断学习新思想新方法新要求。完善常态

化学习研讨机制，模块化供给、“训”“用”结合抓好党务工作队伍能力培训。有的高校通过开展党支部书记“双月谈”和“大书记带小书记”等措施，聚焦实践，提升党务工作者的履职能力，激发党务工作者用大道引领传道、以大业引领授业、以大爱引领解惑的育人初心。二是围绕党务工作者队伍持续成长，提供党务工作者专业化发展激励和工作平台。各高校通过破除“五唯”，制定和落实党务工作者双线晋升制度，把教师党支部书记从事党务工作计入育人工作量，把担任教师党支部书记经历作为干部选拔任用的重要条件，定期开展优秀共产党员、优秀党务工作者评选表彰、述职评议、资助党建工作研究、激励专兼职党务工作者倾心投入育人工作。明确党组织领导学术组织的方式程序、教职工党支部参与本单位重大问题决策和政治把关的内容要求等，将党建融入基层治理框架。

（四）强化党建工作协同，打造立德树人共同体

进入新时代，各高校通过党建引领工作协同，以打造立德树人共同体为目标，积极构建“大思政”格局。一是加强多部门协同，凝聚党建育人合力。有的高校紧密联系师生思想政治工作部门、党群工作部门和专业学院、人文社科力量，分类施策，形成教师、学生党支部建设实施意见，落实育人规范；有的高校加强党建带群团建设，依托校院党校、“青马工程”、理论学习型社团、关工委等做好青年入党启蒙；有的高校注重工作的资源优势和育人的学科思维，在基层党建质量提升工程实施中，为党建育人争取工作开展的专业依托，注入发展的内生动力，推动形成丰富的高校党建和思想政治教育实践研究成果，培育转化大批高校党建育人的实务专家。二是落实“前线规则”，加强调研联系。有的高校建立了领导干部联系党

支部工作制度，明确联系方式和内容，领导干部参加所联系党支部的组织生活、主题党日或民主评议党员，为所联系党支部的党员上党课或做专题报告等；有的高校通过座谈会、谈心谈话等，加强对优秀青年教师、入党申请人、入党积极分子的政治引领；有的高校围绕党支部建设和党员关注的热点、难点问题，听取师生意见建议，在党建工作中回应育人关切，做好宣传凝聚，解决实际问题。三是整合空间布局，以党建引领校园育人空间建设。有的高校根据基层党建工作实际需求，统筹校园党建文化育人空间的总体布局，通过协同多方资源，打造更丰富、更立体、更多元的党建共享空间，为师生政治引领提供多重场域，为基层党组织开展思想政治教育和联系服务师生提供育人阵地平台，通过党建共享空间的视觉品质提升校园育人场所的可读性，通过多元育人场景丰富师生的在校体验和情感认同。四是深化党建共建联建，获取更多外部育人资源。有的高校发挥党建的桥梁引智作用，组织先行，联系邀请学科带头人、学术团队等参与党课、党日活动、师生共建等，拓宽党建与学科建设、人才培养的接口，服务专业发展和学生成长。有的高校积极参与所在地方的区域化党建，按照“资源共享、优势互补、注重实效”的原则，设计形成“资源清单”“项目清单”等，在校地合作、知识生产、人才培养、实践创新、价值引导和志愿服务等方面深化共建共治共享，在服务社会中为办学治校获取更多的外部资源和更积极的社会评价。

第三章　高校党建育人的价值取向和现实意义

一、高校党建育人的价值取向

新时代的高校党建育人，既要致力于培养德智体美劳全面发展的社会主义建设者和接班人，明确“为谁培养人”“培养什么人”“如何培养人”的关键问题；又要致力于通过党建引领“十大育人”体系，挖掘育人要素，从而实现党建育人价值，培养更多担当民族复兴大任的时代新人。

（一）输送新鲜血液，培养后备人才

新时代是中华民族伟大复兴的关键时期，是发起冲刺、奋勇拼搏的时代，高校大学生党员在青年群体中的作用越发凸显。因此，发展高质量的党员，是党建育人首先要明确的目标。从党员发展工作的流程分析，党建育人的教育对象包括党员、预备党员、入党积极分子、提交了入党申请书的师生及所有对党的政治路线和政治目标有认同感的师生。同时，通过党员带动团员、群众，以达到提高全体在校师生的政治素养为目的。党建育人工作必须深入挖掘党员

发展的各阶段中的育人元素，从党员发展全过程各环节中丰富育人内容。尤其是引领大学生成长成才，使其牢固树立远大理想和“以人民为中心”的价值追求，坚持把个人的“小我”融入国家和民族的“大我”，积极向党组织靠拢。这不仅是党的事业薪火相传永续发展的内在要求，也是中国特色社会主义事业兴旺发达长盛不衰的重要保证。

（二）规范党内生活，强化育人功能

《高校思想政治工作质量提升工程实施纲要》明确：“把组织建设与教育引领结合起来强化高校各类组织的育人职责，增强工作活力、促进工作创新、扩大工作覆盖、提高辐射能力，发挥高校党委领导核心作用、院（系）党组织政治核心作用和基层党支部战斗堡垒作用。”① 新时代的高校党建要强化党组织的育人功能，在党内生活中落实好党建育人的使命，一是着力增强党内政治生活的政治性、时代性、原则性和战斗性。规范党内政治生活，为党建育人提供政治规范、政治纪律，有利于大学生养成规则意识、规范意识、法治意识。二是着力提升大学生的组织感、归属感、集体感和荣誉感。丰富的组织生活有助于培养学生的归属感、集体意识，促进大学生沿着正确的方向健康地成长成才。三是着力提升大学生的理论水平、文化认同、文化自信。党内文化是政党的精神标识，是各级党组织和全体党员共同创造和维护的文化体系，反映了党的价值理念和政治追求，深刻影响党员的思想行为，对大学生有强大的文化向心力和政治感召力。

① 教育部．中共教育部党组关于印发《高校思想政治工作质量提升工程实施纲要》的通知［EB/OL］．新华网，2017-12-05.

（三）夯实支部载体，筑牢信念根基

作为时代新人，大学生要坚定信念、努力奋斗，要争当时代榜样、争做栋梁之材，担当起实现中华民族伟大复兴的时代重任。大学生党支部作为教育管理学生党员和提高大学生向心力、凝聚力、战斗力的基本载体，自然成为高校党建育人的基本主体。“基层党支部是在高校全部工作和战斗力的基础，在‘对标争先’中要做到教育党员有力、管理党员有力、监督党员有力、组织师生有力、宣传师生有力、凝聚师生有力、服务师生有力等‘七个有力’。”①《中国共产党支部工作条例（试行）》也指出：“党支部对党员进行教育、管理、监督和服务，突出政治教育，提高党员素质，坚定理想信念，增强党性……做好群众的思想政治工作，凝聚广大群众的智慧和力量……还要对要求入党的积极分子进行教育和培养。”②《中国共产党普通高等学校基层组织工作条例》规定：“学生党支部应当加强思想政治引领，筑牢学生理想信念根基，引导学生刻苦学习、全面发展、健康成长。”③ 因此，大学生党支部在党建育人工作中发挥重要作用，是高校党建育人的关键载体。

（四）共建共治共享，激发育人效能

高校培养的是社会主义合格建设者和可靠接班人，这决定了高校党建与思想政治教育的工作方向是同向同行的，都是指向立德树

---

① 教育部．中共教育部党组关于高校党组织“对标争先”建设计划的实施意见［EB/OL］．新华网，2018-05-23.

② 中共中央．中国共产党支部工作条例（试行）［N］．人民日报，2018-11-26（1）.

③ 中共中央．中国共产党普通高等学校基层组织工作条例［N］．人民日报，2021-04-23（3）.

人根本任务的落地落实，二者具有相互作用、联通互动的关系。党建在思想政治教育工作中发挥统领作用，思想政治教育工作提升思想政治素养，为基层党组织筑牢思想根基，使学生在日常生活中潜移默化地熏陶心灵、涵养品格。要建设政治站位高、工作作风正、专业技术精、业务本领强的高素质专业化队伍，实现多元化知识、资源与能力等要素的集合。要以高质量的治理体系去实现全过程培养、多层次管控、多元化评价。因此，在协同工作过程中应遵循优势互补、互利共赢、资源共享的基本原则，形成“最大公约数”，不断激发育人效能。

二、高校党建育人的现实意义

培养担当民族复兴大任的时代新人是实现中华民族伟大复兴的重要保证。党建育人是新时代高校“三全育人”体系的重要组成部分，高校要将落实立德树人根本任务贯穿到党的建设的各项工作中，主动将党的建设与育人充分结合起来，自觉担负起“为党育人、为国育才”的重大使命。因此，需要在深刻理解高校党建育人时代背景的基础上，明确高校党建育人的现实意义。

（一）高校党建育人的时代背景

1. 培养堪当民族复兴重任时代新人的现实需要

高校党建育人是我国高校适应时代发展需要，培养堪当民族复兴重任时代新人的现实需要。在国际关系严峻复杂的新形势下，中国作为崛起中的大国，国家战略已不再局限于以往的国家安全与政治权利，更要逐渐扩展到经济文化等其他领域，以获得更多与国家实力相匹配的国际话语权。这就要求我国在参与全球治理事务过程中，需要有能够传递中国声音、坚定中国自信、坚持家国情怀的人才队伍。近年来，我国的高等教育也越发重视培养能够参与全球治理事务的人才。习近平总书记曾明确指出："要提高我国参与全球治理的能力，需要大批熟悉党和国家方针政策、了解我国国情……精通国际谈判的专业人才。"① 首先，当前国际社会科学技术革命正在发生深度变革，高度信息化、全面数据化加速发展，同时，世界正处在百年未有之大变局，我国必须努力提升自身的科技实力，主动迎接并积极引领第四次科技革命，使我国拥有能够用领先科技成果解决当前国内国际问题的综合实力，这也要求我们拥有国际大局意识与专业技术过硬的创新型人才队伍。其次，西方国家极力宣扬西方意识形态，对我国的主流意识形态带来了很大的消极影响，必须加强我国的思想政治工作，特别是高校的意识形态安全问题，这就要求我们培养具有坚定政治立场和政治信仰的时代新人。为争夺国际发展制高点、获得更高国际地位，我们要培养大批具有坚定的政治立场、政治信仰以及具有国际视野的人才队伍。高校党建育人要以党的指导思想作为行动指南，并通过党建育人实践让大学生进行最直接、最有效的实践体验，通过循序渐进、潜移默化地把育人工作贯穿于大学生的自我感受、自我启发、自我内化的过程中，使大学生在学习专业知识的同时，不断加强品德修养、提高政治觉悟、增强家国情怀、坚定政治信念。由此可见，高校党建育人是加快培养堪当民族复兴重任的时代新人的现实需要。

2. 推进落实立德树人根本任务的必由之路

党的十八大以来，以习近平同志为核心的党中央高度重视高等

---

① 习近平：加强合作推动全球治理体系变革共同促进人类和平与发展崇高事业［EB/OL］. 新华网，2016-09-28.

教育“培养什么人、怎样培养人、为谁培养人”的问题。习近平总书记将“坚持把立德树人作为根本任务”纳入中国特色社会主义教育理论体系的“九个坚持”之中，是党和国家对我国教育事业做出的明确指示。高等教育事业进入新发展阶段，落实立德树人根本任务，培养社会主义合格建设者和可靠接班人成为新时代高校人才培养的核心目标，这就要求我们不断深化高等教育改革，推动实现高等教育现代化，以促进高等教育的理念、内容、措施、制度等方面创新发展。立德树人的“立德”是前提和途径，是在学生价值观确立的关键阶段扣好他们“人生第一粒扣子”；“树人”是要实现的目标和追求，是培养德智体美劳全面发展的时代新人的指向。高校党建育人同时发挥“组织建设”与“教育引领”的功能。高校党组织作为可以领导整合高校各个组织、各类教育资源的核心组织，其党建育人的内容不仅包括马克思主义立场、观点、方法及其中国化成果，还包括党的路线、方针、政策等相关知识组成的思想理论体系，兼具政治性与学术性。高校党建育人要以学术性的知识为载体，支撑育人过程中的政治引导，又以鲜明的政治性引领专业知识的传授，在传授系统科学知识的同时，传递鲜明的政治立场、政治观点和政治价值，引导新时代大学生铸牢理想信念、增强政治自觉、坚定政治信仰。因此，高校党建育人内容对高校立德树人、铸魂育人，培养能够在新发展阶段应对新挑战、符合新要求的时代新人具有重要的现实意义。高校党委作为立德树人的领导核心，党建育人功能的发挥决定了高校育人工作的总体质量。坚持党对高校人才培养的全面领导，促进高校各级党组织党建育人作用的发挥，是全面贯彻党的教育方针，牢牢把握办学方向、办学定位和人才培养目标的政治保证，也是高校推进落实立德树人根本任务的必由之路。

3. 探索改进高校思政工作的必然选择

我国历来高度重视高校的思想政治工作。随着中国特色社会主义事业的不断发展，我国人民的生活水平不断提升。新时代大学生获取知识的渠道和机会更多。现今网络高速发展，各种信息层出不穷，世界各民族文化深度交流交融交锋，各种主流意识形态与非主流意识形态并存于社会之中，社会思想观念与价值取向呈现多元化，纷繁复杂的多元化和社会思潮以各种形式展现在学生面前，很多消极错误的思想文化夹杂其中，给大学生的思想健康与成长成才带来了极大冲击。国内外社会环境的发展变化对高校思政工作提出了新挑战，高校思想政治工作面临着严峻的考验，通过加强高校思想政治工作，引导价值观尚未形成的青年大学生树立正确的人生观、提高大学生的价值判断能力以及抵御不良思想侵蚀的能力极为重要。高校思政工作除了传统的思政课堂外，也包括日常思想政治工作以及相关育人实践活动。习近平总书记多次强调，高校思政课的作用不可替代，对思政课教师提出了“政治要强、情怀要深、思维要新、视野要广、自律要严、人格要正”的明确要求，同时提出思政课“八个相统一”的科学论断。在实际思政教学当中，需要将众多科学理论知识转化为符合学生认知体系的内容，因此，在思政课教学过程中的方式方法显得极为重要，直接影响大学生获取教育信息与自我内化的程度。高校党建育人功能机制从学校党委到基层党支部均要发挥作用，各级党组织要分工明确、各正其位、各司其职、各显其力，严格落实各级党组织在育人过程中的主体责任。在此过程中，高校党组织并没有脱离其他组织独立工作，而是在党组织的统领下调动与整合各类教育资源，使各级相关组织共同发挥育人合力，实现育人举措自上而下系统化运行、育人实效自下而上及时反馈的育人模式。显然，高校党组织正好能够通过自身的组织优势，做到把传统的思政课堂与育人实践工作相结合，这成为新时代探索和改进高校思政工作的必然选择。

（二）高校党建育人的现实意义

1. 党建育人是落实立德树人的内在要求

习近平总书记在北京大学师生座谈会上强调："要把立德树人的成效作为检验学校一切工作的根本标准，真正做到以文化人、以德育人，不断提高学生思想水平、政治觉悟、道德品质、文化素养，做到明大德、守公德、严私德。要把立德树人内化到大学建设和管理各领域、各方面、各环节，做到以树人为核心，以立德为根本。"① 这在为我国教育工作提出新要求的同时，也为高校党建在新时代的思想政治教育指明了方向。党建作为高校德育的核心，高质量的党建有利于将坚定理想信念、强化政治觉悟、提高道德品质、提升文化素养等进行整合，从而更好地培养德智体美劳全面发展的社会主义建设者和接班人；更好地培养时代新人熟练运用马克思主义理论、习近平新时代中国特色社会主义思想、中华优秀传统文化不断进行理论创新、制度创新、科技创新、文化创新、实践创新等方面创新的优秀人才；更好地培养拥护中国共产党领导和我国社会主义制度、立志为中国特色社会主义奋斗终生的有用人才。2020 年 3 月 15 日，习近平总书记在给北京大学援鄂医疗队全体 90 后党员的回信中说道："在新冠肺炎疫情防控斗争中，你们青年人同在一线英勇奋战的广大疫情防控人员一道，不畏艰险、冲锋在前、舍生忘死，

① 习近平．在北京大学师生座谈会上的讲话［N］．人民日报，2018-05-03（2）．

彰显了青春的蓬勃力量，交出了合格答卷。”[①] 面对新冠肺炎疫情的风险与挑战，以90后为代表的青年一代勇于担当、乐于奉献，生动反映了高校党建育人的丰硕成果。

2. 党建育人是强化价值引领的必然要求

习近平总书记指出：“新时代中国青年要树立对马克思主义的信仰、对中国特色社会主义的信念、对中华民族伟大复兴中国梦的信心，到人民群众中去，到新时代新天地中去，让理想信念在创业奋斗中升华，让青春在创新创造中闪光!”[②] 中国共产党建党之初，就把发展高校中进步青年的影响力与战斗力放在了重要位置，高度重视提升高校青年学生的思想觉悟和战斗力。中国特色社会主义进入新时代，“青年的价值取向决定了未来整个社会的价值取向，而青年又处在价值观形成和确立的时期，抓好这一时期的价值观养成十分重要”[③]。高校作为“三全育人”主阵地和党的建设新的伟大工程的重要政治阵地，加强党建育人有利于高校宣传马克思主义科学理论，要用马克思主义中国化最新理论成果武装师生头脑，当好思想政治教育的把脉人，当好社会主义核心价值观养成教育的领航人，更好地引领青年学生形成正确的价值体系，使之成为马克思主义的坚定信仰者、积极传播者和模范践行者。

---

① 新华社．习近平回信勉励北京大学援鄂医疗队全体90后党员　让青春在党和人民最需要的地方绽放绚丽之花［N］．人民日报，2020-03-17（1）．

② 林江．牢记总书记对新时代中国青年的要求［J］．红旗文稿，2019（10）：18-20．

③ 习近平．青年要自觉践行社会主义核心价值观：在北京大学师生座谈会上的讲话［N］．人民日报，2014-05-05（2）．

3. 党建育人是响应人才培养的发展趋势

当前，世界正经历百年未有之大变局，世情国情的巨大变化使我国发展处于一个重要的战略机遇期，所面临的挑战与考验亦是前所未有。在新时代，既要不断巩固与提升全面建成小康社会的成果，又要奋力谱写全面建设社会主义现代化国家的新篇章。可见，“党和国家事业发展对高等教育的需要，对科学知识和优秀人才的需要，比以往任何时候都更为迫切”①。在新的历史方位上，高校人才培养在理念上、目标上、方法上都发生很大的变化。新时代的社会主义建设者和接班人，“必须有理想、有本领、有担当，是能够担当民族复兴大任的时代新人”②。因此，新时代高校党建要与思想政治教育深入融合，不断丰富育人内容，以党史学习教育为核心引领，深入开展理想信念教育、社会主义核心价值观教育、中华优秀传统文化教育、党群团结教育、党章党规党纪教育、总体国家安全观教育、劳动教育等，尤其是强调理想信念教育，引导青年学生做共产主义远大理想和中国特色社会主义共同理想的坚定信仰者和努力奋斗者。

---

① 习近平．在北京大学师生座谈会上的讲话［N］．人民日报，2018-05-03（2）．

② 邱水平．培养有理想有本领有担当的新时代中国青年［J］．党建，2020（5）：14-15．

第四章　高校党建育人的生成逻辑和历史使命

高校党建育人工作有其内在的生成逻辑，从理论层面看，是马克思主义政党建设的应有之义；从历史层面看，是中国共产党关于高等教育的经验总结；从实践层面看，是高校育人工作的现实需要。新时代高校党建育人承担着培育社会主义时代新人、保证社会主义办学方向、发挥基层党组织战斗堡垒作用、凝聚引领青年贡献青春力量的历史使命。

一、高校党建育人的生成逻辑

高校党建育人是指在党员发展培养、教育管理过程中，通过加强自身建设，充分发挥党组织的战斗堡垒作用和党员的先锋模范作用，达到育人的目的。新时代高校党建育人是个整体，党建工作本身就是立德树人的过程，其背后有着深层的生成逻辑。

（一）党建育人是马克思主义政党建设的应有之义

“注重从思想上建党是马克思主义政党建设的基本原则和根本

要求”①，作为肩负起直接发展、教育、管理党员的高校党组织，高校党建不仅具有育人的功能价值，而且有育人的根本要求。高校党建育人是马克思主义政党建设的应有之义，是思想建党的直接体现。马克思、恩格斯致力于人类的解放事业，并把实现人的自由而全面的发展作为终极目标。为实现这个目标，马克思、恩格斯参与创建了共产主义者同盟、领导国际工人协会、指导德国社会民主工党的建立等，并在无产阶级政党创建过程中注重对进步成员主观世界的思想改造。1847 年，在创建第一个无产阶级政党——共产主义者同盟时，马克思、恩格斯就非常注重对同盟领导人及盟员进行思想理论教育，努力清除同盟领导人和盟员头脑内诸如魏特林的空想共产主义、蒲鲁东的小资产阶级改良主义等错误认识，逐步培养科学共产主义意识。同年 12 月，在马克思、恩格斯起草的《共产主义者同盟章程》中，明确规定盟员必须“承认共产主义”“每一个支部对它所接受的会员的品质纯洁负责”②，这些规定初步确立了无产阶级政党基层组织建设需要承担起的育人责任。马克思、恩格斯在领导第一国际的过程中，同拉萨尔主义、工联主义和巴枯宁主义等进行了长期斗争，及时扭转了党内错误的思想认识，培养了大量无产阶级革命战士，确保了第一国际的发展方向。

作为马克思主义的继承者，列宁在俄国的革命斗争中，丰富发展了马克思主义政党建设思想，认为“只有以先进理论为指南的党，才能实现先进战士的作用”③，但是“工人阶级单靠自己本身的力

① 吕薇洲，马凯．思想建党是我们党不忘初心、继续前进的重要法宝［J］．红旗文稿，2016（13）：14.
② 马克思，恩格斯．马克思恩格斯选集：第二卷［M］．北京：人民出版社，1972：139.
③ 列宁．列宁选集：第一卷［M］．北京：人民出版社，1993：312.

量，只能形成工联主义的意识”[①]。面对这种情况，列宁认为无产阶级政党只有在自身建设过程中，注重对工人阶级进行马克思主义的宣传教育和外部“灌输”，才能在工人阶级的头脑中形成共产主义意识，达到培育先进战士的作用。

马克思主义传入中国以后，中国共产党在把马克思主义基本原理与中国革命、社会主义建设实践相结合过程中逐步形成了中国化的马克思主义。毛泽东作为中国化的马克思主义——毛泽东思想的主要创建者，在面对“无产阶级和地主大资产阶级都只占少数，最广大的人民是农民、城市小资产阶级以及其他的中间阶级”[②] 的社会时，指出“有许多党员，在组织上入了党，思想上并没有完全入党，甚至完全没有入党”[③]，党的基层组织建设要加强对党员和革命群众的马克思主义理论宣传教育，要着重从思想上建党，努力培养和造就无产阶级革命事业的接班人。在社会主义建设时期，尤其是在改革开放以后，中国共产党坚持在加强基层党组织建设的同时，肩负起凝聚群众、组织群众、教育群众的职责，积极探索新形势下党员长期受教育的长效机制，实现育人的目的。

（二）高校党建育人是中国共产党关于高等教育的经验总结

高校党建育人包含在高校落实立德树人根本任务的命题之中，是新时代高校组织育人的具体展开形式。自中国共产党成立以来，高校始终是党关注的焦点，高校党建是党开展活动的重要舞台。纵观中国共产党的创建和发展历程，无不与高校培育进步青年有着千

---

① 列宁．列宁选集：第一卷［M］．北京：人民出版社，1993：317.
② 毛泽东．毛泽东选集：第三卷［M］．北京：人民出版社，1991：808.
③ 毛泽东．毛泽东选集：第三卷［M］．北京：人民出版社，1991：875.

丝万缕的联系，高校党建育人是中国共产党在新民主主义革命时期、社会主义探索时期和中国特色社会主义建设时期关于高等教育的经验总结。

在新民主主义革命时期，高校党建在成功建设政治上、思想上、组织上完全巩固的基层党组织的同时，注重引领青年学生运动发展，并在学生运动中培育青年学生的共产主义意识，增强马克思主义的理论素养，通过加强锻炼改造，积极吸收进步青年入党。民主革命时期，中国共产党在高校将党建与培育具有共产主义信仰的革命者相结合，不仅为党输送了大批高素质的干部队伍，为中国革命以及今后的社会主义建设储备了大量人才，也为中国共产党在非无产阶级群体中建党积累了宝贵经验，在很大程度上决定了中国共产党在高校党建的思路和方向。

在社会主义建设探索时期，“文化大革命”前，高校党建工作有几个重要特点：一是注重党对高校的领导，如1958年9月，国务院在《关于教育工作的指示》中明确规定一切学校应该受党的领导。二是高校党建的方向从开展民主运动转向以培养社会主义建设人才为己任。三是高校党建活动的形式是实行教育与生产相结合，在革命教育中贯彻党的教育方针。四是加强了高校党建工作力量，建立了学生政工队伍，开设了马克思主义理论课，注重对学生进行共产主义理想信念教育。[①]“文化大革命”爆发后，“左”倾思潮严重泛滥，“踢开党委闹革命”，高校党建工作遭到破坏，高校党的思想政治教育严重瘫痪，许多青年学生陷入思想上迷茫、行为上盲从的困境。

---

① 顾明远．教育大辞典［M］．上海：上海教育出版社，1998：64.

在中国特色社会主义建设时期，党中央及时吸取“文化大革命”期间高校党建的经验教训，落实邓小平同志提出的“拨乱反正”任务，在高校实行党委领导下的校长分工负责制，全面加强高校党的思想政治教育工作。20 世纪 80 年代末，受西方各种思潮的冲击，部分高校党建出现思想阵地失控、育人职责不明、育人方式不足和育人举措不力等弱点和问题，高校党建与培育社会主义建设者和接班人相脱节。1990 年召开的全国高校党建工作会，强调了党对高校的领导地位，高校党建要始终围绕学校育人的中心任务来抓，加强大学生思想政治教育工作，从此开启了高校党建工作和大学生思想政治工作的规范化、制度化之路。

（三）高校党建育人是新时代立德树人的现实要求

“培养什么人、怎样培养人、为谁培养人”是新时代高校育人的首要问题。党的十八大报告明确提出，“把立德树人作为教育的根本任务”，这表明高校一切工作必须围绕立德树人的根本任务而展开。新时代高校学生党建工作是巩固党在高校的执政之基，充分发挥基层党组织战斗堡垒作用，塑造学生政治品格，为党培育接班人的战略之举。大学生党建与育人相结合是新时代高校育人工作的现实要求，具体体现在提高基层党建质量、促进学生全面发展两个方面。

1. 高校党建育人是提高党建质量的必然选择

新时代党的建设之所以强调“不断提高党的建设质量”，主要原因是存在“仅仅就党建抓党建、脱离中心工作抓党建、党建与业务‘两张皮’”现象，致使一些地方党的建设成效不高，乃至存在党建“自转”“空转”“虚转”现象。[①] 党的十九大报告提出，要加强基层党组织建设，“着力解决一些基层党组织弱化、虚化、边缘化问题”[②]。立德树人是高校的中心工作，高校党建只有主动融入中心工作，才不至于使自己逐渐边缘化，弱化自身的组织功能和组织形象。高校党建与育人相结合，能有效发挥在大学生思想政治教育中的龙头作用，有效破解党员发展、培养、管理过程中重数量轻质量、重过程轻内容、重形式轻结果的困境，达到提升党建设质量的目的。

2. 高校党建育人是增强立德树人实效的迫切需要

相关调研数据显示，大部分学生在校期间向党组织递交入党申请书，青年大学生在人生成长成才的关键时期在政治上、思想上有追求进步的需要。与此同时，部分学生深受西方意识形态影响，精神上变得“空心”，行为上走向“偏执”，看不到未来发展的方向。高校学生党支部不能只面向入党积极分子、党员发展对象、预备党员、正式党员开展工作，其教育对象应扩展到全体学生，应积极借助党建平台有计划、分阶段地开展马克思主义理论宣传教育、共产主义理想信念教育、入党启蒙教育等，帮助青年大学生用马克思主义的立场、观点、方法来助推个人的全面发展。高校党建与育人相结合，能有效发挥大学生的主体能动性，增强大学生思想政治教育的实效。

需要强调的是，在高校育人的具体工作中，党建育人起到统领作用，通过党建协调各部门推动构建高校育人共同体，落实“三全育人”要求。党的思想政治教育工作是所有工作的生命线，大学生

① 刘红凛．新时代党的建设理论和实践创新研究［M］．北京：人民出版社，2019：71.

② 习近平．决胜全面建成小康社会　夺取新时代中国特色社会主义伟大胜利：在中国共产党第十九次全国代表大会上的报告［N］．人民日报，2017-10-28（1）.

思想政治教育是高校育人的普遍形式和重要路径。高校党建育人是高校育人体系中的龙头，是大学生思想政治工作的精品，更是新时代高校育人水平和成效的直接体现。

二、高校党建育人的历史使命

中国特色社会主义进入新时代，高等教育发展也进入新阶段，高校立德树人必须承担新使命。新时代高校党建育人不同于其他的育人方式，必须立足于实现“国家富强、民族振兴、人民幸福”的宏大叙事之中，凸显党建育人的战略定位，肩负起培养堪当民族复兴重任的时代新人、保证社会主义办学方向、发挥基层党组织的战斗堡垒作用、凝聚引领青年为实现中华民族伟大复兴贡献青春力量的历史使命。

（一）在推进伟大事业中培养堪当民族复兴重任的时代新人

中国特色社会主义进入新时代，需要党始终走在时代发展前列，创新拓展高校党建功能，为推进伟大事业保驾护航。当前，我国的高等教育进入争创世界一流和建设高教强国的新阶段，高校必须以党建育人为龙头，培养能够堪当民族复兴重任时代新人的历史使命。党的十九大报告提出，“要以培养担当民族复兴大任的时代新人为着眼点”①。在2018年的全国宣传思想工作会议上，习近平总书记强调，“做好新形势下宣传思想工作，必须自觉承担起举旗帜、聚民心、育新人、兴文化、展形象的使命任务”②。培养担当民族复兴大任的时

① 习近平．决胜全面建成小康社会　夺取新时代中国特色社会主义伟大胜利：在中国共产党第十九次全国代表大会上的报告［N］．人民日报，2017-10-28（1）．

② 习近平．习近平在全国宣传思想工作会议上强调：举旗帜聚民心育新人兴文化展形象更好完成新形势下宣传思想工作使命任务［N］．人民日报，2018-08-28（1）．

代新人，是中国特色社会主义进入新发展阶段，为实现中华民族伟大复兴的战略任务，高校党建在高校人才培养中必须承担的重要使命。

新时代高校党建育人把培养担当民族复兴大任的时代新人作为自己的重要使命，须明确两个问题：一是要准确辨析时代新人的内涵特质。2013 年 5 月 2 日，习近平总书记给北京大学考古文博学院 2009 级本科团支部全体同学回信，肯定他们立志为实现中华民族伟大复兴的中国梦而奋斗的理想和追求，勉励当代青年“珍惜韶华、奋发有为，勇做走在时代前面的奋进者、开拓者、奉献者”[①]。2018 年 5 月 2 日，习近平总书记在北京大学师生座谈会上，再次鼓励广大青年“要努力成为有理想、有学问、有才干的实干家，在新时代干出一番事业”[②]。总体来看，时代新人应具备的基本特质有百折不挠的奋斗精神、勇于创新的开拓精神、为国为民的奉献精神和爱岗敬业的实干精神。二是要准确把握培育时代新人的核心要义。“培养时代新人，要坚持立德树人、以文化人，弘扬民族精神和时代精神，加强爱国主义、集体主义、社会主义教育。”[③] 培养时代新人的核心就是要“立育人之德”“树有德之人”，通过党建组织文化、校园文化等，培育学生的爱国主义情怀、集体主义信念和共产主义信仰，并引导学生在新的时代洪流中为民族复兴而建功立业。

---

① 习近平．给北京大学学生回信勉励当代青年　勇做走在时代前面的奋进者开拓者奉献者［N］．人民日报，2018-05-05（1）．

② 习近平．在北京大学师生座谈会上的讲话［N］．人民日报，2018-05-02（2）．

③ 中共中央宣传部．习近平新时代中国特色社会主义思想学习纲要［M］．北京：学习出版社，2019：144．

（二）在进行伟大斗争中保证社会主义办学方向

习近平总书记指出，“加强党对高校的领导，加强和改进高校党的建设，是办好中国特色社会主义大学的根本保证”①。新时代办好中国特色社会主义大学的首要标准就是要坚持社会主义办学方向，牢牢掌握高校意识形态工作的领导权，使高校始终成为培育社会主义事业合格建设者和可靠接班人的坚强阵地。当前，党在带领人民进行中国特色社会主义建设过程中，时刻为应对外部风险、重大挑战而进行着伟大斗争，这些风险与挑战，如西方社会思潮对社会主义意识形态的冲击、民族分裂主义对我国国家安全的挑战等影响着高校的办学方向。高校党建育人不同于其他育人平台，不仅要在党组织思想建设中完成育人，更要在政治建设中实现育人；不仅是培育社会主义的建设者，更为重要的是培育党的接班人；不仅需要提升大学生对社会主义意识形态的认同，更要加强学生党员的党性修养、宗旨教育。提升新时代高校党建育人质量是高校社会主义办学方向的重要保障。

新时代高校党建育人要保证社会主义办学方向，可从以下几个方面入手：一是要加强青年学生的思想引领，构筑大学生的精神家园。面对汹涌而至的西方社会思潮的冲击，许多学生因自身的马列主义理论水平不够高，缺乏辨别能力，思想上陷入迷茫困惑，因此，高校党建育人应注重马列主义的理论教育，提升学生的思想认识水平，用社会主义价值规范引导个人的价值取向，筑牢大学生的精神家园。二是提升对社会主义意识形态的认同，保证育人的正确方向。

---

① 习近平. 习近平就高校党建工作作出重要指示强调 坚持立德树人思想引领 加强改进高校党建工作［N］. 人民日报，2014-12-30（1）.

在高校党建育人中要突出主流意识形态的主导作用，加强爱国主义教育和理想信念教育，增强大学生的“四个自信”。三是积极培育与践行社会主义核心价值观。高校党建育人通过引导学生践行社会主义核心价值观，开展社会志愿服务活动等，在行动中磨炼大学生的意志品质，巩固学生党员的宗旨意识，提升学生党员参与党建育人的能力和质量。

（三）在建设伟大工程中发挥党组织的战斗堡垒作用

党的十九大报告指出：“党的基层组织是确保党的路线方针政策和决策部署贯彻落实的基础。”① 2018 年 7 月 3 日，习近平总书记在全国组织工作会议上强调，“党的基层组织是党的肌体的‘神经末梢’，要发挥好战斗堡垒作用。落地才能生根，根深才能叶茂”“基层党组织是党执政大厦的地基，地基固则大厦坚，地基松则大厦倾”②。在当前党的建设伟大工程中，必须加强基层党建，充分发挥基层党组织战斗堡垒作用，发挥党员的先锋模范带头作用，促进各项事业顺利开展。基层党支部是党在高校的基层党组织，高校党建实质上就是，通过加强基层党组织建设来巩固党支部的战斗堡垒作用和党员的先锋模范带头作用。基层党支部战斗堡垒作用的发挥需要围绕高校人才培养的中心工作来实现，需要通过育人的实效来检验。优秀的党员需要基层党支部来培养，师生党员的先锋模范带头作用能有效提升组织形象，增强基层党组织的凝聚力和战斗力。新时代高校党建育人只有实现了党建与育人的协同推进、手段与目标

① 习近平．决胜全面建成小康社会　夺取新时代中国特色社会主义伟大胜利：在中国共产党第十九次全国代表大会上的报告［N］．人民日报，2017-10-28（1）．

② 习近平．在全国组织工作会议上的讲话［J］．当代党员，2018（19）：7．

的相互匹配，才能有效发挥基层党组织的战斗堡垒作用。

新时代高校党建育人发挥基层党组织的战斗堡垒作用，落实高校立德树人的根本任务，要从以下两个方面着手：一是要把提升党支部的组织力作为基础。组织力是指“党的基层组织为了确保党的路线方针政策和决策部署得到贯彻落实所表现出来的对党的方针政策和决议、对党组织自身、对人民群众的能力”①。党支部组织力既是一种“合力”，更是一种“能力”。在高校党建育人工作中，选配一支素质精良的党建干部队伍，为支部党建提供必备的物资资源，是提升组织力的重要路径，也是充分发挥基层党组织战斗堡垒作用的必要前提。二是要把构建特色鲜明的支部党建文化作为突破口。高校党建文化是党组织在长期的党建活动中所形成的观念体系，主要包含思想观念、组织观念、价值观念、思维方式、情感方式、行为方式等。从某种意义上说，新时代高校党建育人就是具有时代特色的党建文化样式。构建富有时代特色的党建文化，在实现高校党建育人的同时，有助于提升组织政治站位、凝聚组织力量、增强组织战斗力，有效发挥基层党组织的战斗堡垒作用。

（四）在实现伟大梦想中凝聚引领大学生贡献青春力量

实现中华民族伟大复兴，是中华民族近代以来最伟大的梦想。这个梦想代表着每个中华儿女对未来美好社会的共同期盼，是历史赋予当代青年的重大使命。“中国梦是历史的、现实的，也是未来的；是我们这一代的，更是青年一代的。中华民族伟大复兴的中国

---

① 江家城，寇清杰．新时代基层党组织组织力的内涵解析、生成逻辑与提升路径［J］．党政研究，2019（4）：18.

梦终将在一代代青年的接力奋斗中变为现实。”① 每个人都有梦想，青年一代在实现个人梦的过程中，只有把个人梦融入中国梦，把个人理想与国家需要相结合，把个人聪明才智投身于中华民族的复兴大业中，才能不断提升自我，实现自己的人生价值。新时代高校党建育人需要积极发挥组织优势，不断凝聚团结青年、引领教育青年、服务激发青年，让青年学生把自身的发展与祖国的前途命运紧密结合起来，为实现民族复兴的中国梦而贡献自己的青春力量。

新时代高校党建育人要凝聚引领青年在实现伟大梦想中贡献青春力量，需要做好以下两点：一是塑造党建的组织形象，提升高校党建育人的凝聚力量。高校党组织的社会形象，不仅靠组织的政治地位和政治权力得以建立，更多表现出社会公众对党组织的情感认同。在高校党建育人工作中，需要发挥党员的先锋模范带头作用，增强大学生对党组织的信任度；需要改变育人的工作方式，增强育人的亲和力。只有组织形象提高了，高校党建育人的凝聚力量才会增强。二是强化党建的政治功能，提升高校党建育人的引领能力。当前部分青年学生深受不良社会思潮影响，其政治意识淡薄、人生态度消极，价值取向功利。高校党建育人必须准确把握社会主义发展方向，强化党建的政治保障功能，发挥组织的思想引领作用，帮助大学生树立更为崇高的理想目标。三是树立党建的人本理念，增强高校党建育人的服务意识。“贴近学生、贴近生活、贴近实际”是大学生思想政治教育的基本原则，也是高校党建育人的行为准则。高校党建育人要始终关注大学生成长发展的迫切需要，努力提高育

① 习近平. 决胜全面建成小康社会 夺取新时代中国特色社会主义伟大胜利：在中国共产党第十九次全国代表大会上的报告［N］. 人民日报，2017-10-28（1）.

人的精准性，在服务学生成人成才中，激发学生在实现民族复兴的伟大梦想中贡献青春力量。

第五章　高校党建育人的主要功能和基本原则

一、高校党建育人的主要功能

新时代高校党建育人的基本功能就是在培养学生从入党积极分子成长为成熟党员的同时，通过发挥党组织的凝聚、导向、规范、教育四个方面作用，引领培养更多大学生成为有理想、有本领、有担当的社会主义合格建设者和可靠接班人。

（一）凝聚功能

所谓凝聚功能，就是高校党建工作对青年学生的思想、行为所产生的吸引作用，它是以集体成员的共同需求为基础所产生的心理现象。意大利著名思想家葛兰西认为，一个政党要存在，必须同时具备三个基本要素：一是群众的要素，没有群众就没有政党。二是凝聚力量，“它在国家范围内集中各种复杂的力量，如果放任这些力量，它们就轻如鸿毛或无足轻重”。三是中间要素，“它把第一种要素和第二种要素联系起来，并使它们保持实际、道德及精神方面的联系”①，在凝聚各种力量过程中，组织起着关键性作用。有关数据表明，多年来，在校大学生有60%以上向组织递交过入党申请，参加党章学习小组、马列读书会等活动的学生人数稳定在较高的比例。相对于班级的组织，党组织在青年学生中具备独特的吸引力。产生这种现象的原因是多方面的，除了青年大学生在学校中努力寻求组织归属外，与党组织的性质、机构设置、活动有着紧密的关系；一是高校党的组织机构完善，为青年学生了解和靠近党组织提供了条件。二是组织活动内容丰富，为青年的成长成才成功提供了指导与帮助。三是优秀青年学生党员的榜样示范作用，进一步吸引青年学生围绕在党组织的周围。

（二）导向功能

导向即方向，党建过程中形成了具有何种标准、达到何种状况，是党组织认同并同意吸收成为组织成员的条件。青年大学生之所以对加入党组织抱着极大的热情，仅仅从“荣誉心理”“从众心理”和“功利心理”来探究入党动机是庸俗的，仅仅停留在党组织、辅导员的辛勤工作认识层面是不够的。最重要的党建工作在于把握优秀人才的成长规律，体现高素质人才的基本要求。翻阅各高校的大学生党员发展手册，高校党组织在大学生党员标准上，既坚持了《中国共产党章程》中所规定的如申请入党人的资格、党员的基本条件和党员的义务权利等基本要求，又结合高校大学生的特点制定了相应的条件。如明确大学生党员在政治上应具有坚定走社会主义道路的信念，在学习文化知识和掌握科学技术上有优异的成绩，在处

① 安东尼奥·葛兰西．狱中札记［M］．北京：中国社会科学出版社，2000：10.

理个人与他人、个人与集体等关系方面有良好的道德品质，在工作中敢为人先、乐于奉献等。多年来，高校党建工作就是追求党员的标准与高素质人才标准的有机统一。高校党建育人的导向，就围绕着促进学生健康成长这一中心任务，使其成为具有坚定的政治素质、科学的思想素质、良好的道德素质、扎实的业务素质、健康的身心素质等德智体美劳全面发展的时代新人。

（三）规范功能

政党对党员的组织和整合，不是靠简单的规则和纪律所能最终达成的，规则、纪律在要求成员的言行规范符合组织目标的作用上是显而易见的。党建育人的规范功能主要指对组织中的成员和期望加入组织的成员的言行起着规范和约束的作用。规范的对象既包括正式党员、预备党员，也包括要求申请入党的积极分子。规范的内容主要是党章中党员的义务、党的纪律要求以及各高校对大学生党员的基本条件。这些要求在政治、思想、学业等方面既有原则的要求，又有各校具体的规定。所允许普通大学生能做的，作为组织成员和积极分子可能并不允许做；对普通大学生没有要求的，可能对学生党员和积极分子却有要求。规范工作是强制性的，也是自律与他律的有机结合。规范功能的结果是塑造思想上、组织上和行动上都符合要求的党员。

（四）教育功能

任何政党皆具有政治教育职能。每个政党为了使自己的立场、态度和主张获得最大限度的支持，也为了使普通公民和广大成员都知道通过何种途径和方法参与政治、支持政党，必须进行大量的政治教育①。高校党建的教育功能是党建教育目标、教育过程、教育形式与内容对组织个体发展产生的影响和作用。高校党建工作既有理论教育，也有实践教育，理论教育是基础，实践教育是关键，两者不能偏废。高校党建的教育功能是正向功能，它对组织成员、个体发展的影响起着积极的作用。其呈现的形式也是显性的，即通过党建活动，使个体的发展与党建育人的目标设定相一致。通过党建活动，使大学生的科学的世界观、人生观和价值观进一步确立，进一步坚定走中国特色社会主义道路的信念；通过党建活动，使大学生更多地了解党的基本理论和基本知识，明确成为大学生党员所应具备的基本条件和努力方向；通过党建活动，使大学生在各种不同的岗位上进行锻炼，不断发现和改进自身的不足。

二、高校党建育人的基本原则

高校党建育人的原则是指在党建育人工作中必须遵循的基本准则，它反映了党建育人的客观规律，对党建育人工作的有序开展、提升党建育人的实效具有重要指导意义。

（一）科学性原则

科学的力量在于揭示规律，指导人们的实践活动。这就要求党建理论研究要以客观实践为依据，积极探求执政党建设的内在规律，目的在于指导党的自身建设的实践活动。坚持党性和科学性统一是我们党建理论研究的基础。遵循规律、把握趋势是任何工作得以开展的基础，党建育人工作也是如此。高校党建育人工作既要以马列

① 傅金铎，张先义，沈桂萍．国外主要国家政党政治［M］．北京：华文出版社，2001：87.

主义、毛泽东思想、邓小平理论、“三个代表”重要思想、科学发展观和习近平新时代中国特色社会主义思想为指导，又要符合大学生的成长成才规律。党建育人过程中采取的方法手段要充分运用已有的管理学、青年学、教育学、政治学、心理学等社会科学的成果，从而使高校的党建育人工作更有成效。

（二）整体性原则

所谓整体性原则是指高校的党建育人要统领高校的课程育人、科研育人、实践育人、文化育人、网络育人、心理育人、管理育人、服务育人、资助育人、组织育人“十大育人”体系建设，使它们实现有机结合、同向同行，共同发挥育人作用。整体性原则要求我们在高校党建工作中既要发挥党委工作部门的引领作用，也要发挥机关、教学单位和后勤服务部门的协同推进作用；既要发挥高校思想政治工作者的作用，也要发挥教师、机关管理人员和后勤服务人员的作用。高校党建育人过程中整体性原则执行不够的主要表现有：一是党建育人工作未能有效齐抓共管，各个系统自行规划，各行其是；二是党建育人主要还是从事党建和思想政治工作的教师作为承担者，专业教师、机关工作人员介入较少。产生这种现象的主要原因首先是认识方面存在偏差，没有将党建育人与教书、管理、服务育人有机结合；其次是没有形成有效的协同机制，缺少各系统之间共同作用的办法。

（三）全过程原则

全过程原则主要是指党建育人是一项持续性的工作，其育人的时空包括入党前、入党后。对于在高中阶段提交入党申请被列入积极分子的发展对象，高校的党组织要做好与其中学党组织有关工作的衔接，继续开展考察工作。对于进入高校的学生要主动引导学生素质发展的需求，吸引他们参加党章学习小组，创造条件全面开展党的基本理论和基本知识的教育。对于已加入党组织的学生党员要进一步加强党性修养，在课内外、校内外发挥学生党员的作用。对于毕业生党员，学校党组织要与其保持联系，继续关心其走上工作岗位后的发展。对于毕业以后因各种原因不能接转组织关系的学生党员，高校党组织还要尽可能地创造交流的机会，保障他们的权利，使他们更好地发展。

（四）创新性原则

高校党建工作在体现时代性、把握规律性的同时，应富于创造性。党的十九大报告提出要以改革创新的精神加强党的建设。对高校来说，就是要以改革的精神研究和解决高校党的建设中的重大问题，努力在党的建设中不断创新。高校党建育人工作也是如此。高校党建育人工作的创新可以从观念创新、教育创新、体制创新、机制创新、内容创新、方法创新、组织生活方式创新等方面进行探索。目前来说，高校党建育人工作无论是理论创新，还是工作创新，任务都很重，也非常紧迫。如从观念创新的要求来看，党建育人的工作要树立服务观念、效益观念、开放观念等，努力以理论创新推动工作创新，永葆高校党建育人工作的生机活力。

（五）主体性原则

所谓主体性原则就是承认、重视并坚持主体在实践和认识活动中的地位和作用的原则。这里所谓的主体性原则既包括重视教育者的主体性，同时要尊重受教育者的主体性。按照《说文解字》的诠释："教，上所施，下所效也。育，养子使作善也。"教育是教育者和受教育者双向互动的过程。如果教是外因，则育是发育、是内在生长力量[①]。党建育人过程中发挥大学生的主体性作用是党建育人的基本立足点。在党建育人过程中不应将大学生看作只是被启发、被发展的对象，视为教育的客体，而应将其作为党建育人工作的参与者和推动者，充分调动其工作的积极性和主动性，使大学生在党建育人过程中发展自己、提高自己。坚持党建育人的主体性原则，就是要确立学生党建工作以学生为主的理念，将培养主体性纳入党建育人的目标体系之中，在充分尊重学生主体性的同时，引导他们自我教育、自我完善、自我升华。

① 刘道玉．论中国当代教育之改造思想［N］．教育信息报，2007-06-19（3）．

第六章　高校党建育人的目标定位和行动策略

为全面落实高校立德树人根本任务，必先明确党建育人的目标定位，并基于目标定位探索构建有效管用的党建育人行动策略，发挥党建育人的最大功能价值。

一、高校党建育人的目标定位

培养什么人是教育的首要问题，这就要求高校加强党的全面领导，坚持正确的办学方向，明确党建育人的战略定位。通过党建引领育人导向、锻造党建育人品牌、激活党建育人效能、熔铸党建育人堡垒，织密建强党建育人体系。

（一）要以正确的政治方向引领育人

高校要坚持扎根中国大地办大学，坚持为党育人、为国育才，坚持马克思主义的意识形态指导地位。聚焦首要政治任务，紧扣学生成长关键节点，突出党建抓引领，持续正本清源、铸魂育人。首先，聚焦首要政治任务抓引领。就是把学习贯彻习近平新时代中国特色社会主义思想作为首要政治任务，高校各级党组织的党员教师要聚焦主线原原本本自主学，区分层次科学指导分类学，突出重点集中研讨交流学，注重实效联系实际深化学，持续推动习近平新时代中国特色社会主义思想进教材、进课堂、进头脑，引领学生成长方向。其次，要紧扣成长关键环节抓引领。持续推动党史学习教育常态化、长效化，做到高校党委按季度统筹，二级院（系）党组织按月安排，基层党支部结合实际落实“定周期、定制度、定要求、定内容”，持续开展党建活动，抓好党组织生活、入党启蒙教育、入党积极分子培训等关键节点的教育引领，以党建理论滋养初心、引领使命。最后，要突出党建贯通抓引领。以党组织为核心，统领群团组织育人，建立从“青年—团员—党员”贯通式的培养机制，建立健全党建育人培养体系。结合党史学习教育，区分高校党员类型特点，制定分级分类教育方案，各有侧重，覆盖全员，确保引领有团队、学习有重点、培育有方向。

（二）要以过硬的领导锻造育人品牌

高校要准确把握党建育人的科学内涵，加强组织领导，紧紧抓住理论研究和实践探索这两个驱动，集中全体师生智慧，发挥好各级党组织的示范引领作用，打造党组织育人品牌，加速推动党建育人落地见效。一是厘清党组织育人的新内涵。高校党建育人的关键是通过党组织的引领作用发挥实现党建育人的功能，即在落实立德树人根本任务中要以党的组织建设为统领，发挥群团组织和大学生自治组织等各级各类组织的育人功能，将政治引领贯彻融入育人的全员、全过程和全方位，要“因事而化、因时而进、因势而新”，统筹各类组织育人资源，形成育人合力。二是抢占理论研究的制高点。高校各级党组织要围绕“领导干部参与”“多维组织育人体系构建”

“党建育人功能发挥”“党建育人实践路径”等重点难点问题，明确理论攻关方向，区分层次遴选各级理论研究课题，特别是通过校本课题集智破解。组织课题组通过调查研究、实践总结等方式积极发表理论成果，为高校党建育人实践提供努力的方向。三是抓好典型引路的示范田。高校要立足思想政治工作新格局，围绕“以党的组织为统领，发挥群团组织和大学生自治组织等各级各类组织的育人功能”，遴选部分二级院（系）党组织先行试点，把党组织建设与教育引领结合起来，强化各类组织的育人职责，发挥好党组织育人的政治引领功能、思想凝聚功能、教育管理功能、服务保障功能、推动发展功能，增强工作活力，促进工作创新，扩大工作覆盖，提高辐射能力。

（三）要以完备的制度激活育人效能

高校要按照“于法周全、于事简便”的原则，围绕党建育人体系构建、党建育人队伍建设、实践载体建设等建立健全相关的制度规定，强化制度保障，激发党建育人活力，提升党建育人效能，为党建育人实践铺路搭桥，推动党建育人落地见效。一要强化党员队伍建设，为党建育人提供力量支撑。出台组织员队伍建设、“双带头人”党支部书记队伍建设意见和党校兼职教师队伍聘任办法，制定或修订共青团、学生会和学生社团等的建设管理办法，着力建设过硬的组织育人队伍，特别是在评聘考核、评优评先等方面给予明确，为个人成长提供制度保障。二要强化载体建设，为党建育人提供平台支撑。可以通过建立党支部与大学生团支部共建机制，让团旗跟着党旗走，党员团员手拉手；也可以通过开展“青年红色筑梦之旅”“强国有我”等主题社会实践活动；还可以通过激活学生自管会、易班等组织育人功能，发挥学生自治的积极作用，选树文明社团、文明班级等先进典型，营造见贤思齐、奋勇争先的良好氛围。在这些活动的开展过程中，要强化党的组织和统领作用。三要强化阵地建设，为党建育人提供财力支撑。高校各级党组织要深入挖掘高校红色基因，用好驻地爱国主义教育基地，发挥好红色资源的育人作用。及时足额下拨建设经费，建立党建智慧教室、党员活动室、红色教育基地等育人阵地，让党建育人活动有场所、有经费。

（四）要以坚强的组织熔铸育人堡垒

各高校要围绕发挥党组织的统领作用，整合各类组织育人力量，优化组织设置，创新活动方式，激活育人效能，用过硬的组织建设建强育人堡垒，加速推动组织育人工作。一是优化组织设置，提升组织育人功能。通过创新组织动员、引领教育的载体与形式，发挥党组织和各类群团组织的育人纽带功能，将优秀的教师党员和辅导员纳入学生党支部，探索以学科专业、课题组等为平台设置师生纵向党支部，有效发挥党员教师的育人作用。二是创新活动方式，激发组织育人活力。例如，通过实施“党建质量提升行动计划”来推动思想引领工程、强基固本工程、头雁领航工程、校园先锋工程、党建创新工程、党建保障工程等建设；通过开展“基层党建制度落实年”活动，组织党组织书记述职考核评议，做到责任清晰、要求清楚、措施扎实、方法科学、落实有力；通过开展“对标争先”“对标联创”建设活动，开展党支部创新方案立项和二级院（系）党组织党建品牌项目创建活动，实现“院系有品牌、支部有特色”，提升组织育人活力。三是强化政治历练，打造过硬育人雁群。高校要坚持党管人才的原则，以“双带头人”党支部书记队伍建设为依托，选拔专业人才在党政班子、机关与基层之间培养锻炼，实现党建与业务双促进、双提升。通过校外挂职、借调等方式，选派专业人才参加基层乡村振兴、服务地方的人才干部培养计划，加强专业人才队伍的思想淬炼、政治历练和实践锻炼，让他们“经风雨”“见世面”“壮筋骨”，着力锻造又红又专、德才兼备的雁群雁阵，借以引领和带动高校的党建育人行动。

二、高校党建育人的行动策略

行动策略是实现目标定位的重要手段，高校党建育人是否具有可操作性，是否切合党建育人的问题要害，是否对立德树人工作具有真正的现实指导意义，关键在于党建育人的行动策略是否管用有效，因此，构建高校党建育人体系就显得极为重要。

（一）强化党组织政治育人的领导力

强化高校党组织政治育人领导力对确保高校党建育人工作的有效开展意义重大。针对当前我国高校党组织政治育人过程中存在的问题，应从高校各级党组织在育人过程中的具体地位入手，强化高校党组织政治育人的领导力。

1. 提升高校党委育人的领导效力

提升高校党委育人领导效力，要从优化党委顶层设计能力入手。高校党委作为高校各项工作的领导核心，负责高校育人过程的顶层设计，只有不断优化高校党委顶层设计能力，提升党委育人领导效力，才能推动党建育人在新发展阶段保持良性发展。优化党委顶层设计需要对育人的发展方向和主要任务进行全面系统的分析、设计、实践、反馈，对高校党委顶层设计机制的程序、评价等方面进行科学规划，以制度的形式优化高校党委顶层设计能力。一是顶层设计必须以注重政治引领为前提。党委在进行育人工作的各项设计时，应从当前党和国家的发展大局着手，推动教育教学理念不断更新，做到设计理念响应党和国家的现实要求，推进教育教学与社会需求的融合。二是优化顶层设计必须建立在优化决策机制的基础上。依法科学民主决策是党委全面领导的重要职能，从某种意义上讲，领导的过程就是决策并实施决策的过程。① 只有科学的决策机制才能够做出推动育人可持续发展的顶层设计。优化决策机制要对高校党建育人所涉及的诸多层面、诸多要素进行系统分析，确保参与顶层设计的决策者全面了解育人各领域、各要素及其之间的内在关系，并在此基础上，明确新发展阶段育人过程中存在的根本问题，抓住核心问题重点突破。同时，要认真贯彻民主集中制，坚持集体决策的制度，严格按照决策程序进行育人重大事项的决策，坚决禁止个人独断专行，禁止跳跃程序的随意决策。

2. 加强院系党组织育人的统筹效能

加强院系党组织育人的统筹效能，应从强化其政治核心地位着手。在高校党建育人体系中，优化院系党组织的运行机制，必须把重点放在其政治核心地位上。只有不断强化院系党组织在育人工作中的核心地位，加强院系党组织育人的统筹效能，才能真正贯彻党的方针政策和学校党委的决策部署，并引领院系育人工作的顺利开展。纵向上，强化院系党组织政治核心地位应充分发挥院系党组织

① 孙晓峰．新时代提升高校党委全面领导力的路径探索［J］．思想理论教育导刊，2018（12）：132-136.

承上启下的作用。[1] 一方面，党组织必须及时接收研究党和国家的方针政策、学校党委的育人决策，并把相关重要内容及时传达下去，使院系学科建设与学校党委的顶层设计实现无缝对接；另一方面，院系党组织应全面领导本院系内的各个党支部，在贯彻党建育人思想的基础上，结合新发展阶段人才培养的新要求，探索基层党支部建设新形式，鼓励党支部创新开展育人活动，打造高素质的育人队伍，切实将思政工作落实到各党支部。横向上，强化院系党组织政治核心地位必须处理好其与院系其他组织的工作关系。院系党组织以院系学科教学为重点，全力支持院系行政的教学管理工作，支持院系学术组织的学术科研工作，引领本院系行政工作和学术工作的政治方向。在工作上与院系行政组织和学术组织既要有分工，又要有合作，既要支持本院系的行政组织和学术组织在自身职责范围内单独开展工作，也不能完全放任不管，要与其他组织进行常态化沟通交流，针对出现的问题及时提出工作意见和建议，确保做到松手不放手。

3. 提升基层党支部育人实际效果

基层党支部是育人的行动主体，直接关系育人的质量。提升基层党支部育人实际效果，要立足巩固党支部育人的堡垒作用。党支部是党在高校教育教学、科学研究、工作管理的战斗堡垒，只有激发党支部的政治性、思想性和制度性功能价值，才能够真正优化党支部育人的运行机制，提升党支部育人实际效果，巩固党支部的育人堡垒作用。一要保证党支部育人的政治领导基础。加强党支部

① 邓军．高校思想政治工作要发挥组织育人协同效应［J］．中国党政干部论坛，2019（12）：43-45.

的政治引领功能，使党支部在政治立场、政治方向、政治原则、政治道路上坚持并教育党员保持正确的政治方向；在组织生活中用规范、严肃的组织生活增强党支部的凝聚力、号召力、战斗力，切实解决忽视政治、淡化政治的倾向①，从而保证党支部育人的政治本色，增强党在师生中的威信，充分发挥政治引领能力，增强党支部育人的整体功能。二要增强党支部育人的思想基础。党建育人工作是传递并落实思想价值的过程，需坚持党支部的思想教育功能，推进马克思主义及其中国化成果的传授，培养党员自我学习、自我教育的能力。可以通过组织开展读书会、专家讲座、党支部大会等形式，加强理想信念教育，深入学习理论知识，逐步实现以思想为先导，用思想引领行动，让行动升华思想。三要用规范化制度化方式推动党支部建设。党支部应严格落实“三会一课”制度和民主评议党员制度等组织生活，保证党内生活与相应制度建设，提升党支部的组织生活质量；只有严格监督、发现问题，才解决问题，因此，要对党支部贯彻落实党的路线、方针、政策和上级党组织决策部署的能力进行监督，严防党支部在贯彻落实中出现问题；对有重大问题的党支部进行及时教育、批评、处罚，且上级党组织需按照相关制度章程安排新的带头人或对其错误进行帮助纠正，使党支部切实发挥育人的战斗堡垒作用。

（二）增强高校党组织思想育人的引领力

高校党组织思想育人功能在高校党组织育人工作中占据重要地位。针对当前因多元文化而对高校党建育人工作产生巨大冲击的现

① 余乙兵．高校学生党支部育人工作面临的挑战及优化路径［J］．学校党建与思想教育，2020（1）：44-45，96．

实困境，应正视当前多元文化现象带来的严峻挑战，通过高校党组织引领文化建设来降低多元文化的不良影响，并将党组织思想育人的价值观念寓于具体的育人实践中，充实思想育人的内容，实现显性教育与隐性教育相融合，以此优化高校党组织思想育人的引领作用。

1. 加强党组织对高校文化建设的引领

文化作为意识形态，对个体具有思想教育引领作用，进而影响或指导个体的行为。在多元文化环境下，大学生不断接触各种意识形态思想，不断受到多元文化的冲击，难免会影响高校党组织思想育人作用的发挥，不利于大学生树立正确的价值观。因此，要坚持正确的意识形态教育，不断加强高校党组织思想育人对大学生的引领力，应从育人的文化内容入手。高校党组织要加强对文化意识形态建设的引领作用，让积极健康、符合社会主义核心价值观的文化意识形态成为校园文化的主流。正确的主流文化意识形态能引领大学生形成健康积极的情绪和奋发进取的精神，使大学生对主流文化产生归属感，彼此之间因文化形成相应的凝聚力，激发大学生的自主意识，增强大学生对文化价值正确与否的判断能力。通过大学生自我意识觉醒，形成对多元文化的价值判断，让大学生自觉接受党组织思想育人过程中传递出的健康向上的校园文化和意识形态。

高校党组织引领下的文化建设应把以人为本思想作为中心内容，满足更多学生的现实需要，对不相适应的文化建设内容要进行调整，营造积极向上的校园文化氛围。对具体的校园文化内容，要以开放性为文化建设的前提条件。在正确的思想政治引领下，积极引导学生自发主动对文化建设内容进行有倾向性的筛选和构建，使校园文化建设内容更符合高校育人的具体实际、更能与学生群体相适应；

在校园文化沟通建设阶段，引入与高校实际情况相适应的新媒体传播方式，在丰富文化信息的基础上增强其沟通选择的便利，提升学生对于校园文化建设的参与度；把握新媒体受众小且具有分散性的特点，区分受教育群体对不同媒体的使用情况，要有针对性地通过不同媒体渠道开展党组织育人工作，提升校园文化的传播范围。通过高校文化建设丰富发展高校党组织思想育人内容，有效提升学生对育人内容的认可度，增强高校党组织思想育人的引领作用。

2. 增强党组织对思想政治教育的引领

习近平总书记在全国高校思想政治工作会议上强调，高校要“把思想政治工作贯穿于教育教学全过程，实现全程育人、全方位育人”。可见，高校党组织思想育人以价值性塑造为重点，但同时绝对不能忽视知识性教育，要把学生对知识的渴望和思想价值观念教育结合起来，使高校党组织思想育人在完成立德树人根本任务基础上，实现思想育人对学生的引领。没有具体知识性内容作为支撑的价值观说教，会让学生对党组织思想育人所传递出的价值观念产生空洞无用的想法，进而使学生对这些思想价值内容产生怀疑，不仅会使思想价值观教育难以达到预期的效果，甚至还会带来相应的负面影响。

在高校党组织思想育人过程中，要利用好知识传授和实践活动载体，以价值塑造为目标，将思想价值观引领寓于专业知识传授和实践活动之中。首先，在课堂知识传授中把课程知识点与党组织思想育人重点相互融合，传递政治思想。例如，在讲授中国历史时，要注重引导学生传承民族气节、崇尚英雄气概，引导学生学习英雄、铭记英雄，自觉反对那些数典忘祖、妄自菲薄的历史虚无主义和文化虚无主义，自觉提升境界、涵养气概、激励担当。[①] 其次，价值引领要扎根于具体的客观知识之中。在对学生进行爱国主义教育、理想信念教育等人生价值引导的过程中，也要将马克思主义相关理论及其中国化成果中的客观知识融入价值引领教育中。让科学的知识体系成为学生将价值观教育内容内化于心、自我塑造的扎实理论基础。最后，高校党组织思想育人思想引领内容应融入学生的日常生活之中，贯彻落实到学生思想发展、身心健康以及日常娱乐生活中。通过高校党组织思想育人实践活动，实现思想育人理念与学生实际生活深度融合，引导学生在社会实践中把所学的价值理论内化于心并灵活运用，做到“在实践中感知生活，检验知识，磨砺身心”[②]，充分发挥高校党组织思想育人的引领作用。

（三）提升高校党组织模范育人的号召力

高校党员作为高校师生中的先进分子，决定了高校党员应成为党建育人的表率，在育人过程中自觉发挥先锋模范作用。应从提升党员自身素质入手，加强党员教育，让党员在党建育人实践中发挥应有的先锋模范作用，提升党员先锋模范号召力，实现高校党建育人功能的发挥。

1. 通过完善党员教育提升党员素质

首先，强化党员的理想信念教育。“坚定理想信念，坚守共产党

① 习近平．思政课是落实立德树人根本任务的关键课程［M］．北京：人民出版社，2019：19.

② 林彦虎，李家富．论贯穿“政治—知识—生活”维度的高校思政课教学［J］．广西社会科学，2021（3）：178-183.

人精神追求，始终是共产党人安身立命的根本。”① 共产主义的理想信念教育对党和国家具有重要意义，对于共产党员个人也至关重要。在现实生活中，党员队伍出现的某些问题，使其未能发挥党员的先锋模范作用，究其原因就是理想信念方面有所动摇。强化理想信念教育是提高党员素质、保证党员质量的重要方式。高校党员是全校师生的模范和榜样，应具有较高的政治思想水平、过硬的政治素质以及坚定的理想信念，高校各级党组织要始终把理想信念教育放在首位，注重培养师生党员的思想政治素质，以强化理想信念教育和先进性教育为基础，加强对党员的党性教育，坚定其理想信念，增强其党员意识，从而调动党员师生充分发挥先锋模范作用的积极性和主动性。其次，提升高校教师党员的综合素质和育人能力。以专业能力建设和师德师风建设为重点，把教师党员打造成为党建育人的重要主体，使教师党员在育人队伍中发挥示范引领作用。“良好的科研业务能力是教师党员最基础的素质。”② 教师党员应具有严谨的科学精神和治学态度，不断提高自身的学术水平与知识储备，完善充实自身的知识结构与内容，提升个人教书育人本领和科研教学能力。在提升高校教师党员专业能力的同时，也要注重加强自身的师德建设。教师党员需具有教书育人的奉献精神，自觉增强自身铸魂育人的使命感和责任感，不仅传授专业知识，而且教会学生为人处世，同时以自身的实际行动成为学生的学习榜样，真正做到言传身教。最后，大学生党员是学生群体中的先进分子，也应成为党建育人的重要主体。大学生党员发挥先锋模范作用主要体现在学习和生

---

① 中共中央文献研究室．十八大以来重要文献选编：上［M］．北京：中央文献出版社，2014：80.

② 朱茜．加强高校基层党组织建设研究［M］．沈阳：辽宁大学出版社，2019：215.

活上，因此，大学生的朋辈教育往往比教师在育人中的作用更加有效。高校要对大学生党员的理想信念、道德素养、知识学术等方面进行教育，切实提升大学生党员的素质和能力，让他们在学习生活中发挥模范带头作用，通过让大学生党员带领普通学生开展各种校园文化活动、社会实践等，在实现大学生党员教育的同时，也实现了党建育人的目标。

2. 通过加强党员管理提升党员质量

确保党员队伍整体素质良性发展，应在坚持对党员队伍加强教育的同时，不断完善对党员队伍的管理工作，这是提升党员队伍质量的保障。“基层党支部科学有效的管理手段是加强党员队伍管理最基本的保障。”① 高校要以基层党支部为基本单位，加强党员队伍的管理工作，不断提升基层党支部作为党建育人堡垒的能力，提升基层党支部的科学管理水平。高校党支部加强对党员的管理工作，可从以下几个方面做起：一是做好基层党支部的建设工作，确保师生党员在相应的党支部中能够及时有效接受党支部的管理教育。二是严格各党支部的党内组织生活。确保每个师生党员都按时参加党支部的组织活动，促进师生党员共学共进，实现党建育人的目标。三是完善基层党支部的服务工作。各党支部应坚持以党员为本，及时关注党员健康成长，对党员管理工作中的服务意识也要不断加强，及时发现党员个人问题，以便有效地帮助党员解决问题，使党员能够在出现问题的情况下及时发现解决，不耽误党员发展与模范作用的发挥。四是利用现代科学技术探索党员管理的科学化。当前多数高校信息网络已全覆盖，形成数字化的校园管理体系。高校基层党

① 赵攀，范雯芩，杨晓鹏，等．高校学生党支部育人模式探赜［J］．学校党建与思想教育，2019（2）：33-35.

支部要创新党员管理模式，利用最便捷有效的方式掌握党员信息，实现在党员管理工作中的沟通联系。五是不断健全基层党支部党员的管理制度。比如，组织生活会制度、“三会一课”制度、民主评议制度、党员责任制度等，以科学合理的制度实现对党员的有效管理。

3. 以党员具体实践为载体发挥榜样作用

一名党员就是一面旗帜。自身良好的素养是党员模范号召力的基础，但是党员发挥先锋模范作用最终还是通过各种具体的社会实践活动来实现。只有投身实践才能让党员真正做到理论教育与实践感悟相结合，通过自身发挥先锋模范作用影响带动身边的人。

首先，党员要立足本职学习工作。学生党员要成为同学学习的榜样，踏踏实实学知识，认认真真做好人，以优异的学习成绩、良好的思想品德、坚定的信仰信念为自我提升标准，争做班级学生学习上的先锋模范、生活中的带头引领人。教师党员要认认真真教书育人做学问，在自己的工作岗位上兢兢业业，用自身过硬的专业知识和良好的道德素养做同事的先锋、学生的榜样。

其次，在高校党建育人过程中，要多组织师生党员立足实际组织开展丰富多彩的实践活动，让师生党员带动身边学生群体更好地融入党建育人的实践中。如到红色教育基地学习、深入乡村、社区等基层开展社会实践和志愿服务，以带动和感染更多大学生积极参与，在实践中充分发挥师生党员的先锋模范作用。

最后，定期组织开展党员标兵等评选表彰活动，通过身边人、身边事先进典型的评选，树立优秀的党员榜样，影响带动其他学生；开展优秀党员结对帮扶活动，发挥党员的传帮带作用，影响和带动学生自觉接受榜样的熏陶，提升党组织模范育人的号召力。

4. 加强高校党组织载体育人的驱动力

高校党组织育人载体是党建育人过程中各项要素相互联系的枢纽，只有合理利用育人载体，才能实现党建育人工作的有效推进。高校要从载体的选择利用入手，增强育人载体对育人实效的驱动力，充分发挥党建载体育人功能。

一是结合高校党建育人任务选择育人载体。党组织育人载体是党建育人工作的体现形式，为党建育人目标服务，党组织育人载体的选择也应结合具体的育人任务。结合高校党建育人的具体任务选择相应的育人载体，才能充分发挥其对接育人实效的驱动力。首先，党组织育人载体的选择和运用要服从于党建育人的任务和要求。当前，高校党建育人的根本任务就是立德树人，培养社会主义合格建设者和可靠接班人，所有党组织育人载体的存在、选择和运用都要服从并服务于这个根本任务。随着时代的发展和社会变化，人们的思想、生活、学习都发生深刻的变化，在不同的历史阶段，党组织育人的某些载体可能不再适用于实现育人任务，对这样的载体应加以改进或者舍弃，进而选择能够为推动完成党建育人任务发挥实际作用的育人载体。在此过程中，我们要认识到任何的育人载体，只有能够继续传递党建育人思想、推动党建育人任务的实现，才有被继续选择使用的价值。其次，选择党组织育人载体时要明确党建育人的目标。党组织的育人载体形式多种多样，党建育人也包含丰富的内容，在高校党建育人实践过程中，要明确各阶段育人的具体目标，而不是广泛的、系统的育人任务。根据各阶段党建育人任务，了解各阶段育人实践要达到的效果。只有结合具体的时间、地点、形式和人员等制约性因素，才能更好地去衡量选择何种育人载体，也才能完成党建育人任务并实现党建育人目标。再次，高校党建育人阶段性任务的确立应立足现实。在明确党建育人任务时，要立足现实情况，确立符合具体实际的育人任务，保证阶段性育人任务在合理的区间，是能够通过现阶段育人工作实现的。脱离现实没有可行性的育人任务不仅没有匹配的育人载体，而且有可能影响对高校党建育人工作的整体判断。最后，在高校实际的党建育人工作中，如果出现有多重任务的情况，要分清主次。党建育人工作包含的内容很多，可能会出现一次党组织育人工作要完成多重育人任务的情况。在此情况下，所用的党组织育人载体可能难以同时兼顾多个育人任务，就需要教育者明确这些育人任务的主次以及任务实现的期限，以此来选择最能达到预期效果的党组织育人载体。

二是基于党建育人要素科学选择育人载体。高校党建育人是个系统性工程，在育人过程中必然包含各种育人要素。包括党组织育人载体在内的任何育人要素，都不能独立完成育人任务，需要在相互联系、相互作用中共同发挥各自作用，形成育人合力，推动高校党建育人功能的发挥，完成高校党建育人任务，实现高校党建育人目标。首先，就高校党建育人的外部条件而言，高校党建育人载体的选择可能会受到来自政治、经济、文化、科技等方面变化的影响，这些客观因素对高校党建育人必然会产生影响，高校党建育人载体的选择要考虑这些外部因素。其次，就高校党建育人的内部而言，育人载体受到高校党建育人目标、育人内容等多方面的限制；同时也需要充分考虑育人过程中受教育者的现实情况，包括个人自身素质、性格特征等；更要考虑到高校党建育人载体的使用者，因为教育者个人的知识结构、能力水平和思想道德等个性因素，也会影响高校党建育人过程中育人载体效能的发挥。可见，高校党建育人过程中育人载体和其他各种因素是复杂多样的，且各要素彼此之间联系密切，所以选择能够将各种因素相协调的育人载体，才能将党建育人内容通过育人载体有效地传递给受教育者，真正发挥高校党组织载体育人的功能。

三是立足高校党建育人实践综合运用育人载体。高校党建育人的各种载体都有自身的特点和适用范围，因其传递党建育人内容方式的不同也具有自身独特的价值。高校党建育人内容的丰富性，决定了选择单一育人载体可能难以达到育人的实际效果。因此，需要不同育人载体之间相互联系作用，通过育人载体的综合运用增强载体的驱动力，使高校党建育人内容能够有效传达，提升党建育人实际效果。传统的思政课堂是高校党组织育人的主要阵地，高校党组织通过传统理论课堂的形式，传递育人内容的政治性、价值观以及理想信念等理论教育内容。但理论灌输的形式并不能真正有效传递所有的育人思想，而且因理论灌输形式的枯燥和单一，容易使学生产生理论空洞无物、枯燥无味的感觉，进而对课堂灌输模式产生一定的抵触情绪。所以在传统课堂之余，还需要通过学生讨论、辩论、演讲、比赛等其他育人载体进行补充。通过相关育人活动、社会实践等育人载体传递高校党组织育人思想，让学生真正感同身受，将知识理论与具体实践结合起来，使高校党建育人思想真正落实到受教育者身上。传统课堂和实践载体都不能包揽所有的育人内容，因而在实际育人实践中采用校园文化建设、校园组织活动等文化载体、活动载体、管理载体与大众传播载体的共同作用，来实现全方位的高校党建育人工作。总之，高校党建育人需要根据教育内容、教育对象、教育实况来选择相应的载体，并努力使各种载体在实际育人过程中交替使用、综合运用，以提升党组织载体育人的实际效果。

四是积极探索高校党建网络育人新载体。随着时代的发展、社会的进步，高校党建育人载体也不断更新换代。在高校党建育人实践中，改造或舍弃不合适的育人载体，创新探索更符合时代发展需要的育人新载体，才能使高校党建载体育人功能不断优化发展，增强育人实效。新媒体时代，传统的大众媒体难以适应当下网络信息高速发展的现实状况，需要积极探索高校党建网络载体的有效利用和发展。网络载体利用互联网信息交换实现对受教育者传播育人内容，具有明显的信息海量化专门性、信息传播和更新快捷性、传播手段兼容性的主要特点。[①] 因此，高校党组织在育人过程中要积极开展对网络载体这种覆盖面广、吸引力强的育人载体的探索。首先，网络载体连接的受教育者极为庞大，网络载体的出现便成为对任何教育形式都极其重要的思想教育阵地，高校党组织教育者要努力建设党组织教育的网络系统，让先进的党建育人思想进入网络，并不断扩散，使其成为大学生接受先进文化的重要渠道，用以社会主义核心价值观为引领的先进文化构筑党建教育的强大网络阵地。其次，要加强高校党建网络教育人才队伍的培养和建设，只有建设能够积极利用网络载体、熟练掌握网络载体育人特征的党建育人队伍，才能够真正及时有效地将党建育人思想和内容传递到网上，利用好网络载体。再次，网络载体所营造出的网络育人阵地，并非法外之地，在构建网络党建育人阵地和网络党建育人队伍建设中要完善管理制度。网络虽是虚拟的，但党建育人是现实的，只有在制度的约束下才能够保证网络育人载体合理合法运用。最后，网络育人载体相比传统的授课载体，对青年学生更具吸引力，但在进行高校党建网络育人的过程中也要注重开展形式的多样性、教育内容的活泼生动性，

① 陈万柏，张耀灿．思想政治教育学原理［M］．北京：高等教育出版社，2015：261.

以真正适应党建育人网络载体的特点，决不能让党建育人的网络载体成为死板的党建育人方式。符合时代发展要求的高校党建育人网络载体，才能优化高校党建育人载体的作用。

（四）提升高校党建制度育人的约束力

健全的党建育人制度体系是高校党组织有效发挥制度育人约束力的前提和基础。针对高校党建因育人制度执行不完善，引起党组织在制度育人功能发挥中产生种种问题的情况，应从完善党建育人制度科学性、系统性入手，用完善的党建育人制度来增强党建制度育人约束力的功能发挥。

1. 以制度形式明晰高校党建育人的责任体系

在党建育人过程中，只有用科学合理的制度严格规范各级党组织及相关教育者的责任地位、明确各主体的育人职责，才能推动党建育人工作在科学有效的领导下顺利推进。首先，明确党组织在育人各项工作中领导地位。工作制度的运行若缺乏科学有效的领导，多方力量就无法得到有效的统筹安排，难以及时处理面临的问题，规则制度就无法顺利落实，从而使育人工作不能有效推进。因此，党建育人过程中要重视并加强党的领导，发挥高校党委在育人工作中的顶层设计能力，分解整体责任体系，明确具体责任内容，将高校治校方针和办学规划分派到各个下级组织，多管齐下，用制度的形式确立党组织、行政组织等其他高校组织在党建育人工作过程中的职责地位。[①] 其次，健全党组织领导下的协同育人机制。《高校思想政治工作质量提升工程实施纲要》确立的“十大育人体系”的基

---

① 宋晟，邓思佳．新时代高校基层党组织制度建设探析［J］．学校党建与思想教育，2021（6）：23-24.

本原则之一就是“坚持协同联动，强化责任落实”，因此，提升党建育人的工作质量，需要“建立党委统一领导、部门分工负责、全员协同参与的责任体系”。高校党组织是高校党建育人工作的责任主体，其育人功能不仅体现在党组织自身育人功能的强化上，还体现在党组织引领高校协同育人中，即指导与组织高校各单位、各部门发挥自身在工作中的育人功能。协同育人机制所涉及的要素广泛复杂，深入推进党建育人与其他育人环节的联动，保证协同育人机制科学有效，需要以制度的形式对其所涉及的各方面要素进行规范，用制度保障育人机制的顺利运行。

2. 健全高校党建制度育人的监督反馈机制

高校党组织在育人过程中，基于合理合法的制度对育人主体责任义务履行情况、育人工作推进程度，以及育人过程中产生的相关问题进行考察反馈，才能真正了解党建育人的实际情况，这是对党建育人工作进行评价和奖惩的基础。首先，应对监督工作的相关问题进行持续建设完善，并对具体的监督因素做出相应规定。监督制度改善的核心点在于明确制度运行的主体，发挥高校师生的主体性、学生监督的广泛性和时效性等特点，激发高校师生的能动性与监督意识，深化相关监督部门工作，奠定构建与高校具体实际相结合更加科学合理的监督制度的基础。同时，通过规范制度赋予监督主体相应职能，使监督主体能够在进行相应工作时拥有制度执行的权威，能够使监督工作有效进行，支持并保障高校相关监督制度落实。其次，构建担负监督职责的组织机构。制度运行是具体的实践活动，往往无法在短期内见效，具有长期性、系统性的特点。这也意味着党建育人监督实践是个繁杂的系统过程，离不开履行监督职能组织机构的调配与统筹管理，该机构应协调、统领监督主体，推进监督工作进行。在高校党建育人实践活动中，为了肩负起监督职责、履行监督责任，并用相关制度刚性约束学生，实现育人的基本功能，可以构建由学校纪检监察部门、教师以及学生三方参与协作的工作委员会，这既能有效推动监督反馈机制，又能实现党建制度育人的功能。最后，完善顺畅运行的反馈机制。有监督就有反馈，高校党建育人工作包括育人前期了解育人主体的实际情况、有针对性地开展育人活动以及育人工作结束后对育人结果进行有效的收集反馈等主要环节，这些环节都会影响党建育人工作的实际效果。因此，建立制度化的党建育人信息反馈机制，有助于完善党建制度育人工作体系。信息反馈以时效性为基础，对高校党建育人信息从收集到整理再到反馈全过程的制度化规定，能够及时了解党建育人现状和受教育者的实际感受，减少信息反馈的延时。不可忽略的是，信息反馈需要顺畅的反馈渠道，用制度形式确立党建育人的信息反馈渠道，能保证反馈传输渠道通畅且受大众公认。党建育人过程中的信息反馈工作是否及时有效，直接影响教育者对党建育人工作实效的判断，因此，在建立健全相关信息反馈制度与渠道的基础上，还必须建立育人反馈信息员制度，用相关制度明确专业人员的责任，以保证高校党建育人工作反馈的顺畅进行。

3. 建立与党建育人工作相适应的考评奖惩机制

高校党建育人考评制度应坚持发展性评价与奖惩性评价相结合。在高校党建育人实践中，合理的发展性评价有助于实现对党建育人工作发展的正确引领，科学的奖惩性评价则能实现对教育者的激励与约束，两者结合共同发挥作用，构建推动高校党建制度育人工作的有效机制。首先，构建科学合理的考核评价机制。高校党建育人考核评价机制的设计，应把多元和包容作为基本原则。[①] 要根据育人实际工作，确立多种评价考核方式，如育人内容数量考核、育人内容质量考核、育人工作性质考核、育人环节纪律考核、育人结果考核，注重多种考核方式的综合运用。同时，要确立“校党委育人顶层设计、院系党组织育人工作领导、基层党支部育人落实工作、党员先锋模范育人工作、相关组织育人工作”等考核评价指标，在此基础上根据具体育人工作进行详细划分。此外，在具体育人领域方面，可以针对党组织的政治育人、思想育人、模范育人、载体育人、制度育人工作，结合高校自身实际情况，综合对各层面党建育人工作过程的执行程度、实际育人效果目标等制定具体定性定量指标，使党建育人工作考评体系逐渐完善。其次，推动党建育人奖惩评价制度的落实。高校党建育人奖惩评价的落实是推动育人工作高质量发展的重要环节。奖惩评价制度的落实对于高校党建育人工作具有重要的导向、激励和约束作用，因此，有必要在党建育人工作考核评价的基础上，依照具体的奖惩评价制度对未能将自身育人职责落实到位的教育者施以惩处，对按时有效完成育人工作的教育者予以奖励，实现以奖惩评价制度促进育人工作发展。在当前的网络时代背景下，高校党建育人工作可以将奖惩评价与网络信息平台相结合，构建网络评价平台，这不仅可以实现对党建育人工作的上级评价、自我评价和学生评价的有机融合，而且网络平台的信息化处理可以将奖惩评价结果公开透明展示，推动奖惩评价制度落实，体现高校党建制度育人的约束力和公信度。

① 朱永华，童政权．一流本科教育下高校教育考核与评价创新研究［J］．黑龙江高教研究，2019（9）：32-35.

第七章　百色学院党建领航思政铸魂育人体系

大学是人生成长的关键时期，正如人们常说的那样，这个时候好比庄稼正处在拔节孕穗期，如果阳光、水分不足，就会误了一季的收成；就好像穿衣扣扣子，如果第一枚扣错了，其余的都会跟着错。这个时候学习什么、信仰什么，对人的一生至为关键。百色学院深入学习贯彻习近平总书记关于加强高校思想政治工作的重要讲话精神，坚持把思政育人当作极其重要的工作，把思想政治工作贯穿于教育教学全过程，实现全程育人、全方位育人。

一、百色学院思政育人的责任体系

强化落实思政育人工作，必须强化党委的领导核心作用，落实党委管党治党、办学治校的主体责任，压实各基层组织和各职能部门的执行责任，重点落实思想政治理论课教师、辅导员、班主任、心理咨询教师等思想政治工作队伍的各自职责，推进“全员育人”，多点发力、形成合力、共同育人。

（一）党委担负主体责任

学校党委成立了思政工作领导小组，统筹教职工和学生思想政治工作；党委书记、校长担任组长，担负起第一责任人的责任；其他领导班子成员担任副组长，担负起“一岗双责”的职责。成立了党委教师工作部，加强教师思想政治工作和师德师风建设；成立党委学生工作部，加强学生思想政治工作和日常管理。学校党委定期召开宣传思想政治工作专题会议、意识形态工作专题会议和学生工作专题会议，研究解决思想政治工作和意识形态工作中的问题，牢牢把握思想政治工作主导权和意识形态主动权，充分发挥党委领导核心作用。实行党员校领导联系二级学院指导党建工作制度，每位校领导每学期旁听指导所联系二级学院党委会会议、党政联席会议 2 次以上，不断强化二级学院党委抓党建和思想政治工作的主业主责意识，确保二级学院党委发挥政治核心作用。推动学校领导的示范带动作用，要求学校领导班子成员通过开学第一课、“红城大讲坛”“学工讲堂”“道德讲堂”、形势与政策课讲座等平台，带头为学生讲授思政课；在“四史”学习教育中，所有校领导都进入学校党史宣讲团，面向全校师生开展党史宣讲。

（二）基层组织和职能部门担负执行责任

按照《百色学院百色精神铸红魂“三全育人”体系建设管理办法》，在推进“三全育人”体系建设中，各学院各部门的领导班子每学期至少专题研究 1 次百色精神铸红魂“三全育人”体系建设工作，各二级党委、党总支、党支部负主体责任，二级党委、党总支、党支部书记是第一责任人。建立健全教育主体，以基层党组织和党员、学院和教师、职能部门和教职工为施教网络和节点，以基层党组织和党员学生、共青团组织和团员、学院班级和学生、社团组织和成员为受教网络和节点，形成互动交流、内部自我教育的组织体系。同时，建立部门协作常态机制，由党委宣传部牵头协调，党委组织部、党委教师工作部、党委学生工作部、教务处、马克思主义学院、工会、共青团等相关部门协同推进，做到分工具体、责任明确、各司其职，把育人贯穿于思想引领、校园文化、科技创新、社会实践、组织建设等方方面面的工作，形成党委统一领导、党政工团齐抓共管、相关部门共同参与的全方位、多层次、宽领域的大思政格局。

（三）思政课教师担负首要岗位职责

明确思政课教师的首要岗位职责是引导学生立德成人、立志成才，树立正确的世界观、人生观、价值观，坚定对马克思主义的信仰，坚定对社会主义和共产主义的信念，增强中国特色社会主义道路自信、理论自信、制度自信、文化自信，厚植爱国主义情怀，把爱国情、强国志、报国行自觉融入坚持和发展中国特色社会主义事业、建设社会主义现代化强国、实现中华民族伟大复兴的奋斗之中，为培养德智体美劳全面发展的社会主义建设者和接班人做出积极贡献。实行思想政治理论课专任教师任职资格准入制，严把思政课教师招聘政治关、师德关、业务关，强调思政课教师要有坚定的理想信念，具备良好的政治素质、思想素质、理论素质，掌握必要的教学艺术和教学方法，鼓励支持思想政治理论课专任教师攻读马克思主义理论相关学科学位。规定思政课教师必须承担高质量思政公共课、专业课教学工作，用好国家统编教材，达到教育教学有关要求；参与教学改革，加强教学研究，不断提高教学水平；积极开展课题研究，提高马克思主义理论学科科研水平。

（四）思政管理队伍担负一线职责

辅导员（班主任）、心理健康辅导教师是学生思想教育的一线教师，必须压实职责。百色学院出台了《百色学院辅导员队伍建设实施办法（试行）》，明确辅导员（班主任）在学生思想理论教育和价值引领、学生群团工作、学风建设、大学生心理健康教育、应对和处置各类突发事件、资助育人、大学生职业发展规划与就业指导工作、学生日常事务管理、大学生公寓文化建设、网络思政能力建设、第一课堂和第二课堂的教育教学、自身职业能力等方面的工作要求，每年按照《百色学院辅导员（班主任）工作量化考核指标》，对辅导员（班主任）进行考核。学校按总体上师生比不低于1∶200的比例设置一线专职辅导员岗位，按照专兼结合、以专为主的原则，足额配备到位。出台《百色学院大学生心理健康教育实施办法》，成立百色学院学生心理健康教育工作领导小组，在学校党委和行政的领导下，实行对学校心理健康教育工作的领导、督察和考核工作。由分管学生工作的校领导任组长，学生工作部（处）部（处）长任副组长，教务处、武装保卫处、校团委、校卫生院、大学生心理健康教育与咨询中心等相关单位和各二级学院分管学生工作的领导为成员，全面领导学校学生心理健康教育工作。分管校领导每学期听取汇报2次以上。设立百色学院学生心理健康教育与咨询中心（以下简称心理中心），按照1∶4000比例配备专职人员，负责全校心理健康教育的组织与协调工作；设立大学生心理健康教育教研室，成立一支心理健康教育专职教师队伍，纳入学校思想政治教育工作体系队伍管理；各二级学院根据实际情况配备心理健康教育工作专兼职人员，建立二级学院心理健康教育辅导站（以下简称辅导站）；各学生班级设置班级心理委员和宿舍心理联络员，协助心理中心和辅导站在本班级开展心理健康教育宣传工作 2 次以上。构建健全学校学生心理健康教育与咨询中心、二级学院学生心理健康教育辅导站、班级、宿舍“四级”心理健康教育工作网络，建立明确的职责分工和协调机制。规定专职教师每年接受 10~40 学时的专业培训，或参加 1~2 次自治区级以上主管部门及二级以上心理专业学术团队召开的学术会议；兼职教师每年接受 5~10 学时的专业培训。每年校内组织 1~2 次对专兼职教师的心理健康教育专题培训。专职教师在心理中心定期值班，兼职教师在辅导站定期值班。专兼职教师的值班工作纳入年度工作考核内容。

（五）全体教职工履行“全员育人”的责任

《百色学院百色精神铸红魂“三全育人”体系建设管理办法》规定，各学院、各部门要结合十大育人途径的所有环节，认真梳理各自教育教学和服务管理运行中所蕴含的思想政治教育元素和所承载的思想政治教育功能，全员积极主动、全方位、全过程育人，构建各学院各部门具有自身专业和部门特点的百色精神铸红魂“三全育人”途径。鼓励全校教职员工发挥个人特长，围绕培养具有百色精神的高水平应用型人才的目标，根据自身岗位职责与工作内容，充分挖掘和运用岗位工作中的育人元素，创新性地创设所在工作岗位的育人途径，实现全校教职员工对学生的全过程全方位、各环节各领域育人，铸就红魂。将“三全育人”工作纳入学校中层领导干部年度述职评议内容，考核结果作为各二级机构领导班子领导干部目标管理和实绩考核的重要依据。将“三全育人”工作作为教职员工教书育人、师德师风、职称评定、表彰晋职、年度考核的主要依据之一。

二、百色学院党建引领思政课程育人模式

高校党建是思政课教学“魂之所系”，加强和改进高校党的建设，必须强化思想引领。将习近平新时代中国特色社会主义思想，通过课堂教学转化为青年学生的思想和行动，实现青年学生的全面发展，是新时代高校思政课的首要使命，也是新时代高校党建工作的核心任务。百色学院坚持以加强党建为学校发展立“根”，以强化思政工作为学校发展铸“魂”，把牢办学方向，筑牢育人体系，固牢家国情怀。

（一）建强马克思主义学院，筑牢党建育人主阵地

百色学院党委认真贯彻落实高等学校马克思主义学院建设标准，强化党委领导责任，稳定经费投入，建立责任分工明确、政策制度完善的建设发展保障体系。通过系统规划，整体推进，把马克思主义学院建设成为集马克思主义理论学习、教学、研究、宣传、人才培养的坚强阵地。

1. 提高政治站位，加强组织领导

学校把马克思主义学院作为重点学院，加强对马克思主义学院的领导，党委书记直接联系马克思主义学院，党委副书记兼任马克思主义学院院长，党委常委会、校长办公会定期研究马克思主义学院和学科发展问题，在资源配置、条件保障、队伍建设等方面给予马克思主义学院重点支持，推动马克思主义学院优先发展、优势发展、优质发展。学校党委组织部、党委宣传部、人事处、教务处、学生工作部（处）、科研处、学科建设与研究生工作处、财务处、学

科发展中心、团委、资产管理处等职能部门和各二级学院统一思想，提高认识，各负其责，勠力同心，全力支持马克思主义学院的各项建设工作。

2. 坚持多措并举，建设一流学科

2018年，百色学院马克思主义理论学科被确立为广西一流学科建设项目（培育）。学校党委把马克思主义理论学科作为重点学科、把思想政治教育专业作为重点专业，成立了马克思主义理论一流学科建设（培育）领导小组，建立健全相关机构及管理制度，整合校内外资源，创新体制机制，对标学科评估要求，发挥学科传统优势，补齐学科建设短板，打造地方特色品牌文化，不断推动共建命运共同体。同时，加大思想政治理论课教学创新力度和社会服务意识，继续打造重大科研标志性成果，在理论传播应用、基地平台建设、人才队伍建设、人才培养质量、科研成果与社会服务、国际学术交流与合作上下功夫，统筹推进马克思主义理论一流学科建设，致力打造特色鲜明的高质量发展且在广西乃至全国具有一定影响力的马克思主义理论一流学科。

3. 整合各方资源，强化条件保障

学校克服办学条件相对困难的问题，配优配齐马克思主义学院的办公用房和教学设备，基本图书资料、国内外主要社科期刊、声像资料，教学课件以及办公设备，为打造数字马克思主义学院或重点马克思主义学院提供有利条件。目前，马克思主义学院所有教研室均有独立的办公场地，博士、教授每人有一间独立办公室，设置有专门的党团活动及相关教学活动场地。学校图书馆设马克思主义学院专用图书室3个，馆藏充足的马克思主义经典著作，目前有中文藏书27028册、外文藏书63册，国内专业期刊106种，中外文数据库9个，电子期刊读物4种，仪器设备总值265.38万元，实验室总面积578平方米。

4. 加强师资队伍建设，提高教育教学质量

配齐师资队伍，优化师资结构。面向校内外大力择优招聘专职思政课教师，并按照“课堂教学人人过关”的要求，应聘对象必须经过集中学习培训，且通过综合素质与能力测评后聘任。专职思政课师生比严格按照1∶350配备。截至2021年，百色学院专职思政课教师中具有高级职称的15人、具有博士学位的9人，广西杰出人才支持对象卓越人才1人、骨干教师4人，自治区级宣讲团成员2人，获得广西青年教师优质课比赛一等奖2人。加强专职思政课教师的学习培训，建立国家、自治区、学校、学院四级思政课教师培训体系和校内校外培训、线上线下培训相结合、以赛代训的教师培训机制。严格实行思政课教师业务培训学分制度，所有思政课教师每年都要完成业务培训学分任务。规定思政课教师除完成校院日常教学培训研讨外，每3年至少接受一次国家或自治区的专业培训，新入职教师还要参加岗前专项培训。把《新时代高等学校思想政治理论课教师队伍建设规定》纳入马克思主义学院及思政课专兼职教师年度考核范畴。2020年9月至2021年9月，百色学院专职思政课教师参加国家级培训达25人（次）、省部级培训39人（次）、地厅级培训5人（次）、校级培训37人（次），院级培训实现了全员全覆盖。实施“五个一”工程，即“一室一品牌”“一室一名师”“一室一标杆”“一室一课题”“一室一成果”培养工程。设立思政课教师岗位津贴，纳入绩效工资管理，每人每月按2000元标准发放岗位奖励绩效。改革思政课教师评价机制，在专业技术职务（职称）评聘工作中，单独设立思政课教师专业技术评审委员会，明确与思政课

教师教学科研特点相匹配的评价标准，进一步提高评价中教学与教学研究占比。建设良好的师德师风，实行师德师风“一票否决”。

5. 健全管理制度，创新体制机制

坚持以习近平新时代中国特色社会主义思想为指导，以立德树人为根本任务，依托学院一流学科建设，建立健全学院管理制度，出台思想政治理论课程管理办法、教学质量管理规定、教研室工作管理暂行办法、教学督导工作办法、课堂教学工作规范、教学大纲管理办法、兼职教师管理办法、集体备课制度、大学生社会实践调研课题管理办法、课程考核命题与阅卷工作规范、教学工作管理规程、教学档案管理规定以及马克思主义学院专任教师准入及准出制度、教学名师制度、本科生导师制等制度规定。整合校内外资源，如立足本地，与百色市政协、百色市委组织部、百色市委宣传部、百色市教育局等单位共建马克思主义学院。

（二）构建思政课程体系，实现全课程育人

百色学院充分用好课堂教学这个主渠道，构建各类课程与思想政治理论课的育人课程体系，形成协同效应。紧扣“立德树人”根本任务，通过思想政治课程体系传承百色革命老区的优秀文化和积淀校园红色文化，践行百色精神铸红魂“三全育人”，培养具有百色精神特质的高素质人才。坚持价值塑造、能力培养、知识传授有机结合的教学观念，紧紧围绕教材、教师、教学等方面，深入推进思想政治理论课建设综合改革，把传授知识与思想教育结合起来，把系统教学与专题教育结合起来，把理论武装与实践育人结合起来，推进改革教学内容、改进教学方法、改善教学手段，切实把思想政治理论课建设成为学生真心喜爱、终身受益的必修课程，提高思想

政治理论课的亲和力、针对性和感染力。在开好传统思想政治理论课基础上，以学生成长成才发展的迫切需求为切入点，彰显学生主体地位，积极回应学生关切，直面学生需求和期待，将思想政治教育政治性功能和学生个体发展性功能有机统一起来，解决学生的现实问题，促进学生全面发展。

1. 创新开设红色经典微型课

百色学院深度挖掘和提炼已客观存在的红色经典题材，整合成具有系统性、育人性、道德示范性、知识性的“短、小、精、悍”红色经典微型课。由教务处负责红微课建设项目的总体规划，按照普通本科教育、思想政治教育的特点和要求，制订课程建设计划和遴选、评价标准，分类指导和组织红微课建设和使用。马克思主义学院及其他二级学院是红微课建设和授课的主体，其中，马克思主义学院负责按照建设要求，审核全校红微课开设资格，教务处负责组织教师开展红微课教学，实行主讲教师负责制，确保课程质量，并向教务处申报课程建设成果及获取建设经费。红微课课程资源的核心组成内容包括课堂教学、课程视频、主题性质的教学设计、红色经典课件素材、红色课程的教学反思、课程练习测试、学生问卷调查以及教师点评等资源。它们以一定的组织关系呈现，共同营造一个半结构化、主题式的资源单元应用教学环境。红微课课程资源的开发重点在于短小精悍。“短小”要求课程节奏紧凑、内容充实，整个教学过程要逻辑清晰、难易适度；“精悍”要求课程主题明确、脉络清晰，知识点突出。红微课的教学设计主要具有以下几个特点：一是浓缩性。紧紧围绕一个集中的主题展开，有针对性地对学生们学习、生活中常见的、典型的、有代表性的问题进行解析，进而达到思想政治教育的目的。二是趣味性。教学过程应具有深入浅出、形象生动、精彩有趣、启发性强的特点。三是创新性。除了传统课程常用的讲授法，红微课程应注重与实践活动相结合。如结合广西、百色地区丰富红色文化资源，组织学生开展现场实践活动。红色经典课件素材的选用紧紧围绕“红色经典”，主要彰显红色革命精神的人物、承载红色文化的景观、寄托红色精神的歌谣、影视作品。红色经典微型课程是开发利用以百色起义为代表的红色资源对大学生进行革命传统教育、爱国主义教育的通识性校本选修课程。每门课程安排 10 学时、0.5 学分，微中见大，以史育人，以文化人。目前已面向全校学生开课 171 门，受益学生近 6 万人，红色歌曲、红色舞蹈、红色戏剧覆盖全校师生。红微课凸显学校植根地方、传承传统、培育新人的办学特色，创新思政课教学理念，落实立德树人根本任务。《微课程大能量：富有感染力的红色经典微型课程体系的探索与实践》项目获得自治区级教学成果二等奖。

2. 按规定使用教材且开足开齐课程

《百色学院百色精神铸红魂“三全育人”体系建设管理办法》明确要求，教务处、马克思主义学院必须严格遵守教育部《高等学校思想政治理论课建设标准》的规定，全校各专业思想政治理论课必须使用马克思主义理论研究和建设工程重点教材思想政治理论课最新版本统编教材，“形势与政策”课要根据教育部下发的教育教学要点组织教学，选用中宣部和教育部组织制作的《时事报告（大学生版）》和《时事》DVD 作为学生学习辅导资料。目前，百色学院针对本科生足额开设“马克思主义基本原理”“毛泽东思想和中国特色社会主义理论体系概论”“中国近现代史纲要”“思想道德与法治”“形势与政策”；针对专科生足额开设“思想道德与法治”“毛泽东思想和中国特色社会主义理论体系概论”“形势与政策”等必修课。执行“小班”或“中班”教学，每个班控制在60~100人。

3. 推动习近平新时代中国特色社会主义思想进教材进课堂进学生头脑

百色学院将习近平新时代中国特色社会主义思想融入思政课五门主干课程，把习近平总书记重要讲话精神或经典语句作为思政课教学的典型案例，在教学过程中进行重点、翔实的讲解。通过“红城大讲台”“学工讲堂”“道德讲坛”“青年马克思主义者培育工程”“青年马克思主义研究会”等平台和渠道，开展习近平新时代中国特色社会主义思想系列讲座和学术沙龙活动。率先开设《习近平新时代中国特色社会主义思想》、《习近平谈治国理政》（第三卷）、《红色经典语录赏析》等公选课。

4. 开设“习近平新时代中国特色社会主义思想概论”课

学校贯彻落实教育部高校思政课教学指导委员会印发的《“习近平新时代中国特色社会主义思想概论”教学大纲》各项要求，在举办“习近平新时代中国特色社会主义思想概论”讲座的基础上，开设“习近平新时代中国特色社会主义思想概论”必修课，保证相应的学分学时，切实提高教学质量。围绕习近平新时代中国特色社会主义思想，党史、国史、改革开放史、社会主义发展史，宪法法律，中华优秀传统文化等设定课程模块，开设系列选修课。

（三）创新思政课教学方法，提高育人效能

思政课是巩固马克思主义在高校意识形态领域指导地位，坚持社会主义办学方向的重要阵地，是培养中国特色社会主义事业合格建设者和可靠接班人，落实立德树人根本任务的主干渠道。思政课的教学方法是思政课教学活动中的重要因素，是实现教与学相统一

的桥梁和纽带，是实现教材体系向教学体系有效转化的关键环节。如何从问题出发，授业解惑，因材施教，改变传统的单一枯燥的教学模式，全面提升思政课的质量，是当前思政课教学方法改革的重大课题，百色学院在这方面做了一些积极有效的探索。

1. 探讨“八个统一”实施办法

习近平总书记在学校思想政治理论课教师座谈会上的重要讲话中强调指出，“要坚持政治性和学理性相统一”“要坚持价值性和知识性相统一”“要坚持建设性和批判性相统一”“要坚持理论性和实践性相统一”“要坚持统一性和多样性相统一”“要坚持主导性和主体性相统一”“要坚持灌输性和启发性相统一”“要坚持显性教育和隐性教育相统一”。百色学院始终坚持“八个统一”的思政课教学创新思维，落实集体备课制度。学校党委书记、分管副书记、副校长及相关领导每学期都分别主持 1~2 次全校思政课建设工作会或集体备课会；马克思主义学院教师每周参加“周末理论大讲堂”，各教研室每学期组织召开集体备课会 6 次以上；与广西民族大学等高校实施联合集体备课，深入探讨思政课“八个统一”实施办法，着力增强课程的亲和力、针对性，努力打造学生想听爱学的“热门课”，真正把思政课办成铸魂育人、立德树人的优质课程。积极开展校地合作，与百色市教育局联合承办“百市大中小学思政课一体化建设论坛”，成立百色市大中小学思政课一体化建设研究中心，共同探讨大中小学思政课一体化建设。

2. 实现线上与线下相结合

积极开展网络“铸红魂”，以鲜活形式推进网络思政。2017 年至 2020 年，学校在全国高校易班共建指数上排在前列。截至 2021 年 4 月，百色学院易班微社区共发布 1125725 个话题，微社区访问量3597813人，话题量和访问量位列全国高校前列。学校连续四年获全区大学生网络文化节、全区高校网络教育优秀作品推选展示活动、全区高校校园好声音共39项区级比赛的承办权；承办2021年全区高校“四史”类思政课研究性学习与实践性教学优秀成果评选活动；获全区高校思想政治教育活动项目和高校网络思想政治工作精品项目共15项。截至2021年7月，区内外共140多所高校到百色学院参观交流网络思政工作。

3. 探索线上线下混合式教学模式

加强线上线下教学培训，使教师深刻理解线上线下混合式教学模式，强化线上教学与课堂教学的有效衔接，促进“以学生为中心”的课堂教学模式改革，为“一流课程”建设、教育教学方法改革、个性化培养方案设计、教学信息化能力提升提供了有力支撑。坚持“典型示范，逐步推进”的原则，稳步开展线上线下混合式教学。成立智慧马克思主义学院大数据教学中心，通过超星学习通平台，以《道德与法治》课作为试点，逐步推进线上线下混合式教学模式。红微课《弘扬百色起义精神，同心共筑中国梦》选课人数达2645人，累计页面浏览量2143791次，累计互动次数21077次。

4. 推进“红色文化”与“校本特色教材”融合

学校扎根老区办学，集全校之智，举全校之力，以党史学习教育为契机，主动担当起面向校内外传承红色基因的使命，明确将中国共产党革命精神和红色文化教育融入人才培养目标和课程体系，深入实施党性教育“红色基因传承计划”“精品课程开发计划”。以统筹用好百色红色资源为抓手，以打造精品课程、强化师资力量为重点，以马克思主义学院、红色文化培训学院为阵地，组建由思政课教师组成的红色课程开发团队，深入挖掘百色起义纪念馆、粤东会馆等革命旧址、革命纪念馆及其展品背后的红色故事及所呈现的历史价值、精神价值、时代价值，挖掘革命故事中令人深思的聚焦点，开发系列红色课程，让红色故事焕发时代光芒。如开发出版《百色起义光照千秋》《红色基因·坛乐印记》《红色基因·山营印记》等红色校本教材；出版《百色起义与邓小平理论研究丛书》《传承红色基因，铸就百色红魂》《挖掘红色元素，实现课程育人》《管理育新人，服务铸红魂》《厚植红色基因，文化铸魂育人》等42部红微教材；开设171门红色经典微型课程，调动包括课堂教学、课程视频、主题性质的教学设计、红色经典课件素材、红色课程的教学反思、课程练习测试、学生问卷调查以及教师点评等在内的资源，推动学校办学育人往实里走。

三、百色学院党建引领课程思政育人模式

为深入贯彻落实习近平总书记关于教育的重要论述和全国教育大会精神，进一步贯彻落实全国和广西全区高校思想政治工作会议要求，坚持立德树人根本任务，把思想政治工作贯穿教育教学全过程，百色学院就推进课程思政建设工作做了积极的探索，充分发挥专业课程的育人功能。

（一）强化顶层设计，构建课程思政体系

习近平总书记关于教育的思想中多次强调要加强党对高校的领导，坚持社会主义办学方向，做好高校思想政治工作，这是高校办学的底线，也是高校课程思政建设的指导思想。百色学院主动落实高校课程思政建设的主体责任，不断提高课程思政建设工作的政治站位，加强课程思政建设工作的顶层设计，构建比较完备的课程思

政建设工作体系，狠抓课程思政建设效果，全面提升人才培养的质量。

1. 做好顶层设计，建立健全课程思政工作机制

百色学院按照“党委统一领导、党政部门协同配合、以行政渠道为主组织落实”的思路，建立健全课程思政建设工作领导体制和工作机制，成立相应的课程思政改革领导小组，在学校课程思政改革领导小组的指挥下全校统一开展课程思政工作。首先，为有序推进课程思政建设工作，成立校院两级课程思政研究中心，加强课程思政教学的改革与实践，做好课程思政研究项目日常管理。其次，校院两级的课程思政研究中心定期举办课程思政论坛、交流会议，推广优秀课程思政育人案例和研究成果，聚焦课程思政建设重点、难点、前瞻性问题，开展多种形式的课程思政研究与实践，逐步构建多层次课程思政建设研究体系。再次，在课程思政研究中心下设立课程思政教研室，主要负责开展教学案例研讨、课堂实录分析等课程思政教研活动，共同分析解决课程思政教学中的重难点问题，指导二级学院专业教师将思政育人融入专业课程教学全过程。最后，建立马克思主义学院教师对接各二级学院机制，落实思政课教师与专业课教师协同合作，实施课程思政结对共建行动，指定专职思想政治理论课教师对接各个二级学院，通过二级学院结对、学科（专业）结对等方式，发挥思政课教师的专业作用，带动提升全校课程思政建设整体水平。

2. 制订课程思政建设方案，明确课程思政建设任务

根据上级对高校课程思政建设的要求，结合发展实际，出台百色学院课程思政建设方案，明确各个部门在课程思政建设中的任务，整合全校资源，校内各个部门实行联动，落实到具体的个人，对标

对表，按照学校课程思政工作建设方案的要求，逐项完成课程思政建设的相关任务。

3. 在课程大纲修订中融入课程思政理念

学校在教学改革中不断推进 OBE 理念，紧跟国家高等教育教学改革的实际。在制定课程教学大纲的指导性意见中，专门提出对于课程思政元素的提炼以及课程思政效果的要求，进一步有效推动课程知识与思政元素的有机融合，实现“三全育人”的要求，全面提升人才培养的质量。

（二）结合专业特点，分类推进课程思政建设

专业课程是课程思政建设的基本载体，百色学院根据自身专业分布情况，按照经济学、管理学和法学类专业课程，教育学类专业课程，理学和工学类专业课程，农学类专业课程以及艺术类专业课程分类指导，梳理和整合各个专业课教学内容，结合不同课程特点、思维方式和价值理念，从师资队伍培训、课程思政教学改革研究项目、第二课堂教育中融入课程思政教育等方面，深入挖掘课程思政元素，有机融入课程教学，达到润物无声的育人效果。

1. 加强培训，提升教师“课程思政”水平

通过“线上—线下”结合的形式，组织教师参加课程思政系列培训，分享课程思政建设资源和信息。线上培训主要组织教师参加教育部全国高校教师网络培训中心举办的高校教师课程思政教学能力培训。此外，还借助在线学堂平台，邀请专家教授开展专题培训。线下培训主要邀请专家教授到学校开展“课程思政教学工作坊”活动，通过系列主题讲座，帮助教师学习掌握如何挖掘专业课程和教学方式中的思想政治教育资源，设计课程思政教学方案，并将其落

实于课堂教学之中。同时，打造“百色学院教师教学资源分享群”教师交流平台，深挖校内外资源，坚持“内容共享”“平台共用”原则，鼓励教师分享“课程思政”教学资源。

2. 组织申报校级课程思政教学改革研究项目

2021 年，学校组织开展校级课程思政教学改革研究项目申报工作。项目申报内容囊括了如何将课程思政融入课堂教学建设全过程、如何科学设计课程思政教学体系、如何推进现代信息技术在课程思政教学中的应用、如何激发学生学习兴趣，引导学生深入思考等课程思政建设的关键问题。项目申报评审充分调动了教师对课程思政建设的积极性，推进课程教学内涵式发展。

3. 实施“第二课堂”实践课程思政育人工作

“第二课堂”（实践教学）是相对于“第一课堂”（课堂教学）而言的具有素质教育内涵的学习实践活动，按其类型大致可以分为思想教育、社会实践、学术科技、社会工作、志愿服务、学生社团、勤工助学、文艺体育等。“第二课堂”所塑造的实践育人氛围是综合素质形成和发展的重要环境，具有“第一课堂”不可替代的作用。百色学院历来重视和丰富“第二课堂”活动，不断创新育人途径，构建“第一课堂”和“第二课堂”有机结合、相辅相成的思政“大课堂”。比如，2021 年，学校结合建党 100 周年各项主题教育活动，依托和利用老区红色资源，积极开展大学生红色文化主题教育，加强爱国主义和理想信念教育；组织全校学生到百色起义纪念馆等场馆缅怀革命烈士的丰功伟绩；开展国旗下的微党课和党史学习教育活动周；参与广西百万学生党史知识网上问答活动达 13000 人，《广西日报》发文表扬，学校获得“优秀组织奖”；组织学生参加全区大学生“党史知识大家答”暨“四史”学习教育知识竞赛，荣获广西二等奖；组织学生参加全区大学生“党史知识和国家安全”知识竞赛，荣获二等奖；学工微信公众号、网站共发布70篇党史文章，引领学生学习；组织学生学习习近平总书记到广西视察时的重要讲话精神。

4. 深化网络思政教育工作

不断完善扩大网络思政红色教育资源的网络全景化研学平台内容建设，开展“百名青马讲四史”“百院青年述说新时代”等系列网络思政课程微视频，推进红色教育“新常态”：一是利用各种平台抓“线上”。打造红色网络思政，开展红色班级文化风采、红色书评、红色手绘地图册、易班年度红色十大系列评选等一批红色网络示范活动，实施“大数据+网络红军”师生骨干培养工程，培养3000余名能战斗、能创新的“网络红军”，使之成为支撑学校网络意识形态工作的骨干力量。校团委组建“青年网络志愿者服务队”，利用网络互动平台，积极宣传党的最新理论成果和红色文化。二是利用各种学习抓“线下”。创建“党员寝室”“党员示范寝室”，充分发挥“一个党员宿舍，一座先锋堡垒”的先锋模范作用。建设“青马文秀”工作室，打造“文秀坊”和“红人堂”等思政教育品牌。开展“百年百村百场百人讲”活动，组织百名“青马学员”赴边疆民族地区理论宣讲；立项资助35个红色专项社会实践活动团队，到基层开展理论宣讲和红色文化调研，让学生成为红色文化的学习者、实践者、传播者。

（三）加强师德师风建设，保证课程思政质量

加强师德师风建设，根本的目的就是让教师积极探索利用具体学科知识教书育人，引导学生确立正确的人生观、世界观、价值观。

教师是课程思政和价值观教育的直接责任人，教师在教学过程中所表现出来的价值趣味、价值取向对学生产生直接影响。教师只有自觉遵守师德规范，才有利于营造良好的教学道德氛围，促进教学质量的提升；才有利于激发教师自觉在教学过程中融入正确的思想道德教育、主动承担传播知识、传播思想、传播真理、塑造灵魂、塑造生命、塑造新人的时代重任。

1. 加强制度建设，落实师德师风监督考评机制

百色学院将师德师风建设纳入学校建设发展中，出台了《百色学院教师职业道德考核实施办法》《百色学院师德师风建设统筹协调机制实施办法》《百色学院师德师风监督预警工作实施办法》等系列管理制度；突出人才引进、教师资格认定、职称评审等工作中的思想政治考察环节；严格师德师风监督、预警，落实师德师风建设长效机制。通过开展师德师风调研、实施师德师风问卷调查、多种监督渠道收集师德师风问题、开展师德师风问题核查以及对出现师德师风问题苗头的部门、单位进行预警等方式严格落实师德师风监督、预警，净化校园师德环境。抓好师德师风年度考核，把好教职工“师德关”，全面落实师德师风“一票否决”制。

2. 加强学习教育，促进师德培育

学校为每位职工发放《新时代教师道德行为规范读本》，并组织学习；加强师德师风培训，提升教职工教书育人积极性、立德树人主动性、以身作则表率性，体现出良好的职业道德涵养和优良的工作作风；创新师德师风教育方式，通过开展师德师风演讲比赛、师德师风知识竞赛以及组织教职工开展《新时代高校教师职业行为十项准则》考试等方式，强化师德师风建设；学校每季度印发《师德师风简报》，及时推送工作信息、总结经验、取长补短；围绕社会公

德、职业道德、家庭美德、个人品德等方面，广泛开展道德宣讲活动，引导广大教职工讲道德、尊道德、守道德。如每年教师节开展了师德师风表彰大会暨师德师风论坛，通过评选表彰，选树榜样；推行“服务育人示范岗”和“管理育人示范岗”，推进示范带动作用。

四、构建校园文化体系，推进校园文化育人

文化在学校思想政治和育人中起着重要的作用。要构造全员、全程、全方位的育人新格局，必须重视校园文化作用的发挥。百色学院扎根于百色革命老区，源于1938年成立的广西省立田西师范学校，历经了80多年不间断的办学历程。多年来，百色学院充分利用校本文化和百色红色文化资源，打造特色校园文化，推进以文育人、以文化人，取得显著成果，积累了丰富的经验。2013年、2016年，学校分别获得全国第七届、第八届高校校园文化建设优秀成果二等奖，2019年获得一等奖；学校还先后获得全国首批“国家级语言文字规范化示范学校”“全国教育改革创新优秀奖”“全国红色经典艺术教育示范基地”“全国大中专学生志愿者暑期‘三下乡’社会实践活动先进单位”“全国精神文明建设工作先进单位”“广西大学生思想政治教育工作先进单位”等多项省级、国家级荣誉称号。

（一）践行校训精神，构筑校园文化

校园文化，是指一所学校在长期的办学过程中所形成的物质文明和精神文明的总和，一般包括精神文化、物质文化、制度文化和行为文化。校园文化的核心要义是文化精神，包含人文精神、科学精神和创新精神等要素，常常蕴含在校训、校歌、校风、校史、校

徽等方面。校训是学校精神的精华，从总体上反映了学校的价值取向。开展校园文化建设，营造良好的校园氛围，保证优良的校风、教风、学风，应以校训精神为主要内容。百色学院经过漫长的办学历程，沉淀和积累了深厚的校园文化。2007 年，百色学院在 70 周年校庆到来之际，组织撰写了新的校史、编写了新的校歌、设计了新的校徽校旗，凝练出了“志远行敏，德高业精”的校训。其中，“志远”告诫学生应该确立远大的理想抱负，具有为民族振兴、国家富强和人民富裕而艰苦奋斗的献身精神，具有担负起未来重任的胸襟和才能，具有实事求是、独立思考、勇于创新的科学精神。“行敏”告诫学生必须珍惜大学时代的最佳学习时期，把学习作为最紧迫的任务，增强学习自觉性；要积极参与社会实践，汲取营养，磨炼意志，砥砺品格。“德高”告诫学生要有崇高的思想境界、高尚的道德规范。“业精”告诫学生学知识、练技能，都必须专心致志、一丝不苟，精益求精，应在具有必备的基础理论知识和专门知识的基础上，重点掌握从事本专业领域实际工作的基本能力和基本技能，全面提高综合素质。此外，百色学院根据自身立足老区办学，走出一条艰苦创业发展之路的实际，凝练出“团结合作，艰苦奋斗，克难攻坚，磨砺成才”的“石磨精神”，高度概括了老区高校不畏艰难、克难攻坚的办学精神，激励广大师生团结奋斗，立志成才。2007 年以来，百色学院坚持以校训精神构筑校园文化理念，通过讲座、广播、校园网站等多种途径多种方式广泛宣传解读校训精神，使校训成为人人皆知、深入人心的校园精神。通过组织开展“知校史、明校训、唱校歌、践校风”活动，向学生详细讲述校史，解读校训、校歌、校徽、校旗和“石磨精神”，教育学生深刻领会并牢记校训和“石磨精神”，将校训和“石磨精神”内化于心，外化于行，不断增强爱校荣校的意识，引导学生树立正确的“三观”。此外，坚持以校训精神美化校院文化景观，如“致远楼”“行敏苑”等以校训内容命名。校内建有清风苑、首任校长铜像、红色文化浮雕，摆设历经80多年的学校土墙和石磨，校园文化育人氛围浓郁。

（二）坚持以红色为底，打造特色校园文化

1929年，邓小平、张云逸、韦拔群等老一辈革命家在右江地区领导了百色起义，建立了右江革命根据地。红色，是右江革命老区的底色，进入左右江地区，随处可感受到那深入骨髓的红色基因。红色基因是中国共产党人的精神内核，是中华民族的精神纽带，它凝聚力量，引领未来。作为革命老区高校，多年来，百色学院坚持以红色为底，打造特色校园文化，形成校园“红色”文化品牌。活动开展方面，打造了全校性节、会、展、赛等20多个红色文化品牌。如每年都开展“红色五个一”（唱一首红歌、讲一个红故事、舞一个红舞蹈、走一段红军路、演一个红色小品）红色经典主题文艺演出。通过舞台艺术效果，褒扬革命先烈及其革命精神，传承爱国爱党情怀；开展“弘扬百色精神，传承红色基因”为主题的理论宣讲、法律服务、扶贫服务等社会实践活动，弘扬为国为民情怀，增强师生的责任和担当意识。平台建设方面，实施“六个一工程”，即建立一个百色起义信息平台、打造一台常演常新的红色经典文艺演出、开设一批红色经典教育微型课程、开设一个“红城大讲台”、举办一系列红城学术沙龙、形成一批红色研究成果。此外，积极搭建红色文化育人载体，以弘扬爱国主义精神为核心，以家国情怀教育、理想信念教育、艰苦奋斗教育和宗旨意识教育为重点，将红色基因融入党课团课、党团活动、社团活动等特色活动，提升革命传

统教育的针对性和实效性。在校园广播台开辟“红色之声”等节目，播放红色故事、红色音乐等，搭建师生革命传统教育交流平台。百色学院的“红城大讲台”“学工讲坛”“道德讲坛”成为师生同参与、共分享，激发革命精神的重要平台，形成了一批传承弘扬百色起义精神的作品和经典理论，为广大师生提供充满正能量的精神食粮。

第八章　百色学院党建育人的创新模式

党的十八大以来，百色学院积极探索新时代党建育人工作，准确把握育人基本准则，牢牢坚持四个根本遵循。突出政治功能，强化党的领导。充分发挥了党组织的领导核心作用，把党的政治和组织优势转化为育人优势，引领带动育人资源的统筹整合，形成育人合力。

一、百色学院基层党组织标准化建设

"欲筑室者，先治其基。"党支部是党最基本的组织，是党的肌体的"神经末梢"，是党的全部工作和战斗力的基础。高校党支部是教育管理监督服务师生党员的基本单位，是把党的路线方针政策落实到高校基层的战斗堡垒，是党团结和联系广大师生群众的桥梁纽带，是办好中国特色社会主义大学的重要支撑。加强高校党支部建设，对于落实全面从严治党要求，全面贯彻党的教育方针，坚持社会主义办学方向，落实立德树人根本任务，培养中国特色社会主义合格建设者和可靠接班人，具有重大而迫切的战略意义。

（一）深入实施党支部“强基固本”工程

2017 年，百色学院开始组织实施党支部“强基固本”工程，主要是通过抓好党支部基本建设、提高党支部书记基本素质和践行党员基本标准，努力做到党支部、党支部书记、党员队伍“三个合格”，推动全面从严治党向学校基层延伸。

1. 落实“四个到位”，建设合格党支部

一是基本条件保障到位。科学合理设置支部。本着有利于加强基层组织建设、便于开展工作的原则，规范基层党支部设置。党员人数较多的党支部，合理划分党小组。探索依托重大项目组、课题组和学生公寓、社区、社团组织等建立党组织。建设坚强有力的支部班子。党支部按期换届，按照知识、年龄、专业结构互补原则合理选配支委会成员，班子成员分工明确，整体功能发挥正常。扎实推进教师党支部书记“双带头人”工程。学生党支部书记由辅导员、大学生党员中的优秀分子担任。坚持民主集中制原则，支部重大问题由支委会或党员大会集体讨论决定。及时调整不称职的党支部书记。及时补选出现空缺的支部委员。活动经费落实到位。按照教工党员人均每年不低于 150 元、学生党员人均每年不低于 100 元的标准核定党支部工作活动经费，列入学校经费预算，为党支部开展组织生活提供经费保障。研究落实将党建工作纳入校、院（系）整体工作计算工作量的实施措施。规范统一活动场所。学校机关党委、二级学院党委（党总支）建设有开放式的党员活动室，供各党支部使用，并设置相应的支部生活园地。有条件的院（系）建设固定的党员活动室。党员活动室要按“六有”（有标志、有党旗、有制度、有书报、有设施、有台账）标准建设。党员活动室外设立庄重、醒目的“党员活动室”等统一的标识牌；活动室内悬挂党旗；张贴或悬挂入党誓词、党员的权利和义务、“三会一课”制度、发展党员制度（流程图）、组织生活会制度、民主评议党员制度以及党支部组织机构、党支部、支委会成员的职责和任务等党建工作制度材料；因地制宜设置宣传栏，配备资料橱（或书柜）和报刊架，购置并定期更新报刊、党建杂志和相关书籍；配备必要的办公设施和电教设备；各类基础台账内容齐全，分类摆放，一年一装订。

二是基本工作运行到位。完善工作机制。党支部工作有计划、有目标、有记录、有总结、有检查、有考核。“三会一课”、组织生活会、民主评议党员、党员党性定期分析、谈心谈话、党员活动日等党的组织生活各项制度健全，操作规程完善。党支部一般每半年向上级党组织报告一次支部工作，每年向支部党员大会报告年度工作。每年开展一次软弱涣散党支部集中排查整顿工作，对存在软弱涣散的党支部限期整顿转化。严格管理党员。严格执行《中国共产党发展党员工作细则》，全面推行发展党员“四查四访”制度，确保党员发展质量。制订党支部党员教育培训工作方案和年度计划，党员每年参加党组织安排的集中培训一般不少于32学时，党支部书记和党务工作者每年集中学习培训一般不少于56学时，新任党支部书记必须进行上岗培训。严格执行党员组织关系管理制度，党员组织关系日常管理、毕业生党员组织关系转移规范有序，校外实习实训学生党员、在外学习工作教师党员、毕业未转出组织关系学生党员及出国（境）党员等管理到位，加强对出国（境）党员的行前教育，要求流动党员定期汇报思想和学习、工作状况，确保流动党员“有联系，受教育，能管理”。及时稳妥处置不合格党员。规范党费收缴。严格执行党费收缴有关规定，党员主动按月缴纳党费，党支部在月底前将党员缴纳的党费上交上级党组织，并按要求每月及时录入百色市基层党建信息平台。档案资料齐全。党支部党员名册、入党积极分子名册、发展对象名册、党员档案、党费收缴簿、组织生活台账（简称三册一档一簿一账）等基本资料齐备，规范记录正式党员、预备党员、重点发展对象、党积极分子基本情况，党员缴纳党费的标准、时间、金额和党费使用情况，以及“三会一课”、党员主题活动、党员活动日等党支部组织生活情况，一人一档建立党员档案并将发展党员过程中的档案材料及时入档。党支部工作记录本、会议材料、工作计划、工作总结、党课讲稿等资料记录翔实，管理使用规范。

三是基本制度执行到位。坚持“三会一课”制度。党支部每季度至少召开1次支部党员大会（不设党小组的党支部一般应每月召开一次党员大会），一般应每月召开1次支部委员会会议和党小组会，每季度至少安排1次党课，并按要求每月及时将“三会一课”的落实情况录入百色市基层党建信息平台。坚持组织生活会制度。每半年召开1次党支部组织生活会。党员领导干部自觉以普通党员身份参加本支部组织生活会，带头开展批评与自我批评。坚持民主评议党员制度。每年开展1次，按照规定的方法步骤，对支部党员进行民主评议。坚持党员党性定期分析。原则上每年1次，从理想信念、宗旨意识、工作业绩、作风建设、组织纪律五个方面进行党性分析。坚持谈心谈话制度。采取个别谈话、集体座谈、随机交流等多种形式，每年至少安排2次。坚持和完善党员活动日制度。全面推行“一日一事”制度，即“支部活动日、党员示范事”制度。“支部活动日”由各党支部根据各自实际情况以每月的某个星期二下午作为本支部党员固定活动日，开展“三会一课”、缴纳党费两项

“规定动作”，同时，可结合实际灵活开展组织生活会、民主评议党员、民主议事、党务公开、谈心谈话、实践锻炼、服务师生群众、走访调研、重温入党誓词等“自选动作”，不断增强党的组织生活活力；“支部活动日”以党支部为活动组织单位，要求支部内所属正式党员、预备党员参加，根据活动内容吸收入党积极分子参加。“党员示范事”由党员围绕“四个合格”要求，每月制订“学、做、改”三方面各做一件实事的计划，并严格予以实施。各党支部每月向上一级党组织上报“支部活动日”计划小结，党员个人每月向所在党支部上报“党员示范事”计划小结。每年“七一”前后，组织开展1次主题党日教育活动。

四是基本作用发挥到位。发挥好政治引导的主体作用。坚持把坚定正确的政治方向放在党支部建设的首位，扎实推进“两学一做”学习教育常态化制度化，坚持用党章党规规范党组织和党员行为，用习近平总书记系列重要讲话精神和治国理政新理念新思想新战略武装头脑、指导实践、推动工作，宣传执行党的路线方针政策和上级党组织的决议，推动党员强化“四个意识”，在思想上政治上行动上同以习近平同志为核心的党中央保持高度一致。严明组织纪律，强化党员的纪律意识和组织观念。发挥好凝聚师生的主体作用。坚持把思想政治工作与党的建设相结合，把立德树人、规范管理的严格要求和春风化雨、润物无声的灵活方式相结合，把解决师生的思想问题和解决教学科研、学习就业等实际问题相结合。开展经常性的谈心谈话，了解、分析并反映师生员工的思想状况，掌握意识形态方面的信息，有针对性地做好思想政治工作，有效协调和化解基层各类矛盾。围绕服务党员、服务师生、服务学校发展，自觉践行党的根本宗旨和群众路线，尊重党员主体地位，健全党内外激励关怀帮扶机制，协助做好资助家庭经济困难学生工作，做好帮扶生活困难党员和老党员工作，不断增强做群众工作的看家本领，不断激发师生的主人翁意识和学习工作热情，统一思想、凝聚人心、化解矛盾、增加感情。发挥好促进工作的主体作用。坚持围绕中心抓党建、抓好党建促发展，围绕服务学校改革发展稳定，全面贯彻落实学校党委决策部署和学校中心工作任务，重大决策党内先讨论、重要政策党员先知情，教育引导师生党员在日常学习工作中把党员身份亮出来、先进标尺立起来、先锋形象树起来，带头攻坚克难，引领带动广大师生积极投身学校改革，促进学校和谐稳定和教学、科研、管理、服务等工作的开展。

2. 强化“四知”建设，培养合格党支部书记

党支部书记应具有共产主义远大理想和中国特色社会主义坚定信念，具有履行职责所需要的政策理论水平，深入贯彻习近平总书记系列重要讲话精神，牢固树立“四个意识”，有强烈的革命事业心和政治责任感，有较强的政治鉴别力和政治敏锐性，坚持和维护党的民主集中制，并做到“四知”，当好党支部全体党员的“主心骨”和群众的“领头雁”。

一是熟知党的基本知识。认真学习贯彻党的路线方针政策，学习党的基本知识，马克思主义哲学，国际共产主义运动史、中国共产党历史、中国革命史等，自觉加强党性修养，掌握党的性质、宗旨、指导思想、最高理想和现阶段的奋斗目标。自觉学习社会主义初级阶段的基本理论、基本路线、基本纲领、基本经验，掌握党的民主集中制原则，具有党的理论联系实际、密切联系群众、批评和自我批评等优良作风，具有党支部书记岗位所需要的政治理论水平和基本党务素养。

二是熟知党的组织管理。认真学习党的组织生活各项制度，熟练掌握党支部“三会一课”、组织生活会、民主评议党员、党员党性定期分析、谈心谈话、党员活动日、党员领导干部双重组织生活等党内组织生活，以及支部换届选举、支部委员补选等的要求和流程，按有关规定组织本支部党员开展组织生活。抓好支部委员的学习，按要求召开支委会，加强支部领导班子的自身建设。团结本单位党员群众落实党的路线方针政策和上级的各项决议，有效开展师生思想政治工作，抓好党的群团组织工作，定期检查支部工作计划、决议的执行情况，按时向支部委员会、支部党员大会和上级党组织报告工作。

三是熟知党员队伍建设。加强对《中国共产党发展党员工作细则》，党员组织关系管理，流动党员教育管理，党员日常管理以及党费收缴、使用和管理等党员教育、管理、监督、服务有关规定的学习。结合高校实际，注重做好发展优秀青年教师、学科带头人、学术骨干和海外自学归国教师入党工作，落实好上级党组织下达的发展党员指导性计划，提高发展党员质量。建立完善党员日常管理监督制度机制，定期开展党员党性定期分析，教育党员按时足额缴纳党费并及时向上级党组织缴纳，及时排查党员组织关系，做好毕业生党员组织关系管理，落实组织关系介绍信回执查收。及时稳妥处置不合格党员，做到事实清楚、理由充分，处置恰当、手续完备。

四是熟知党务工作创新。围绕基层党建和思想政治的重点、难点和热点工作，研究和探索新形势下开展工作的新方法和新路子。积极探索“互联网十党建”教育模式，充分利用学校网站、易班、“两微一端”等网络平台，创建网上党支部等，扩展党组织的活动空间和辐射范围。结合师生党员的特点，有针对性地开展实践调研、志愿服务等主题活动，不断增强党组织的凝聚力和吸引力。灵活运用互联网、移动互联网开展“网上咨询”“网上谈心”“网上征求意见”等活动，及时掌握党员特别是流动党员的学习工作情况和思想动态，加强对流动党员的教育管理和服务。自觉地站在高等教育综合改革潮流的前头，积极寻求党建服务中心工作的结合点，带领广大师生群众在改革潮流中开拓前进。

3. 践行“四有”基本标准，打造合格党员队伍

结合推进“两学一做”学习教育常态化制度化，全体党员自觉践行有合格的政治表现、有合格的纪律执行、有合格的品德表现、有合格的作用发挥的“四有”党员标准，并在践行“四有”标准中争先锋创佳绩。

一是深化学习领会“四有”标准。全体党员要把思想建设放在首位，自觉开展“两学一做”学习教育，以尊崇党章、遵守党规为基本要求，以用习近平总书记系列重要讲话精神武装头脑为根本任务，在深化学习过程中进一步理解、领会“四有”标准的内涵要求，增强“四个意识”，不断自我净化、自我提高。

二是亮出身份践行“四有”标准。党员在参加党的活动时，佩戴“共产党员”徽章。倡导教师党员在从事教育教学活动时和学生党员在参加学习活动时佩戴“共产党员”徽章，机关和后勤部门党员在工作岗位、学生党员在寝室等显要位置摆放“共产党员”标志牌，同时定期开展践行“四有”标准的承诺活动，促进党员自觉按照“四有”党员标准规范言行，接受群众监督。

三是党员评议遵循“四有”标准。在开展党员评议和党员自我评议时，将“四有”标准作为衡量党员是否合格的标尺，不断解决党员队伍在思想、组织、作风、纪律等方面存在的问题，持续保持党的先进性和纯洁性。

四是发挥作用彰显“四有”标准。党支部要积极创新载体，为党员充分发挥先锋模范作用提供平台，党员要在积极参加各种实践活动中发挥先锋模范作用，并作为检验践行“四有”标准是否到位的重要标尺，进一步彰显“四有”标准。要在党员领导干部中开展争当“四个表率”活动，引导他们做政治坚定、把握方向的表率，解放思想、改革创新的表率，清正廉洁、勤政为民的表率，民主团结、求真务实的表率。在管理服务部门党员中开展“亮标准、亮身份、亮承诺，比技能、比作风、比业绩”的“三亮三比”活动，引导党员干部立足岗位提升素质、创先争优、服务群众。在教学科研一线党员中开展“争做教书育人标兵、争当师德师风楷模”活动，引导他们坚持教书和育人相统一、言传和身教相统一、潜心向道和关注社会相统一、学术自由和学术规范相统一，做有理想信念、有道德情操、有扎实学识、有仁爱之心的好老师，做学生锤炼品格、学习知识、创新思维、奉献祖国的引路人。在大学生党员中开展“勤奋学习当表率，立德成才当头锋”活动，引导他们努力做“勤学、修德、明辨、笃实”的表率。在离退休教职工党员中开展“离岗不离党，退休不褪色”活动，引导他们保持政治本色，坚定自觉地与党中央保持高度一致，积极为学校的发展建言献策，始终为党的教育事业增添正能量。

（二）实施教师党支部书记“双带头人”培育工程

为培养和造就一支思想政治素质好、党务工作能力强、学术科研能力强的教师党支部书记队伍，推动立德育人和教学科研“双促进”，为学校建设具有百色精神的高水平应用型大学提供坚强的组织保证，2017 年，百色学院实施教师党支部书记“双带头人”（党建带头人、学术带头人）培育工程。

1. 建立健全选拔任用机制

教师党支部书记应当具备思想政治素质好、党务工作能力强、学术科研能力强的“一好双强”的标准。一是思想政治素质好。理想信念坚定、品德修养好、群众威信高，认真贯彻执行党的方针政策，自觉践行社会主义核心价值观，办事公道，乐于奉献。二是党务工作能力强。热爱党务工作，有经验、会管理，善于做思想政治工作和群众工作，能够妥善处理矛盾，维护和谐稳定，组织带领党员群众完成好本职工作。三是学术科研能力强。学术水平、科研能力在本单位领先、能够在学科建设科学研究等方面起到带头作用。四是改进选配方式。选拔任用教师党支部书记由各党委（党总支）具体负责，按照有关规定和程序进行，一般由支部委员会或党员大会选举产生，鼓励通过公推直选的方式选配教师党支部书记；注重从党员学科带头人、教研室主任、学术骨干、教学名师、博士中产生。五是培养后备人才。各党委（党总支）要结合实际，遴选一批教师党支部书记后备人选，加强重点培养，实行动态管理。大力把优秀学术骨干、学科带头人培养成党员，把优秀党员教师培养为学术骨干、学科带头人。注重配备熟悉和热爱党务工作的青年党员学术骨干担任党支部副书记或支部委员，协助党支部书记开展工作，并作为党支部书记后备人选培养锻炼。

2. 建立健全教育培训机制

一是完善培训体系。教师党支部书记的培训分两个层面进行：专题培训由学校负责，纳入学校党建工作计划和干部教育培训总体规划；日常培训由各二级学院党委（党总支）负责，每年累计培训时间不少于5天或40学时；对新任党支部书记优先安排培训。二是丰富培训内容。对教师党支部书记的教育培训，既要突出用中国特色社会主义理论体系武装头脑，提高思想政治素质，又要针对党员学术骨干特点，加强教学科研、做好群众工作及党务工作等方面知识技能的学习培训，切实提高教师党支部书记贯彻党的政策、融入中心工作、联系服务群众和加强支部自身建设的能力。三是创新培训方式。要积极研究和探索适应新形势的教育培训的新途径、新方法，针对党员学术骨干、学科带头人特点，结合新形势、新任务的要求，采取集中培训、案例教学、专题研讨、考察体验、经验交流等多种方式进行培训。倡导“书记讲给书记听”，采取党委（党总支）书记给教师党支部书记授课、请优秀党支部书记现身说法等形式，提高培训的吸引力和感染力，增强培训实效。

3. 建立健全目标管理机制

一是实行目标管理。教师党支部书记要根据上级党委（党总支）工作要求和教师党支部书记的工作职责，结合本单位教学科研、人才培养、服务社会、安全稳定等业务工作实际，在征求党员群众意见基础上，提出任期和年度工作目标报上级党委（党总支）审核，并做出公开承诺。二是加强考核考评。各二级学院党委（党总支）要将教师党支部书记工作纳入考核范围，建立完善年度党建述职评议考核制度。每年通过党员、群众评议和上级党组织考评等方式对其履职情况进行考核，建立教师党支部书记任期履职情况档案。注重考核结果运用，把教师党支部书记履职情况作为评优树先、奖励表彰、选拔任用的重要依据。三是强化管理监督。对作风不实、履行职责不到位、党员群众有反映的，及时批评教育，督促整改；对岗位目标任务完成情况差、党员群众反映强烈等不称职的党支部书记，按有关规定及时予以调整。

4. 建立健全激励保障机制

一是保障工作待遇，营造发展环境。各二级学院党委（党总支）要保证教师党支部党建队伍建设和党组织活动必要的经费。推行教师党支部书记津贴制度，各基层党组织可比照教研室主任对教师党支部书记履职核算工作量，给予适当工作津贴。将优秀教师党支部书记纳入后备干部人选，在干部选任时予以优先考虑。通过各种形式大力表彰、宣传教师党支部书记中的先进典型，发挥示范带动引领作用。二是给予工作支持，促进作用发挥。各二级学院党委（党总支）要从思想、工作、生活、制度建设等方面关心支持教师党支部书记。完善谈心谈话制度，各二级学院党委（党总支）书记每学期至少分别与教师党支部书记进行一次谈话，了解思想状况，指导工作开展，激发干事热情，帮助教师党支部书记尽快成长。支持教师党支部书记列席本单位党政联席会议，并参与讨论和决定本单位重要事项，发挥其在本单位教学、科研、行政管理工作等方面的积极作用。

（三）全面推进党支部标准化规范化建设

百色学院坚持以习近平新时代中国特色社会主义思想为指导，围绕新时代党的建设总要求和新时代党的组织路线，严格按照广西壮族自治区党委办公厅、自治区人民政府办公厅 2019 年印发的《推进基层党组织标准化规范化建设三年行动方案》和自治区党委组织部 2019 年印发的《广西高校基层党组织建设标准（试行）》要求，结合学校实际，在实施“强基固本”工程和教师党支部“双带头人”取得初步成果的基础上，就组织体系建设、班子队伍建设、党员教育管理、组织生活、工作载体建设、工作运行机制、活动场所建设、基本工作保障八个方面，全面推进党支部标准化规范化建设，大力提升党支部的组织力、凝聚力、战斗力。

1. 推动党委履行主体责任

一是加强党支部工作的统筹谋划。全校各级党组织把党支部建设作为最重要的基本建设，定期研究讨论、加强领导指导，切实履行主体责任。学校党委和二级学院党委（党总支）每学期至少专题研究1次党支部建设工作。二是建立领导联系制度。制定了学校领导班子成员、党委常委落实党支部工作联系点制度，结合学校领导班子成员、常委分工安排情况，每位领导分别确定2个党支部作为联系点，主要任务是开展政策宣讲、深入调查研究、参加党内生活、指导支部建设、深入联系群众，全面加强党支部标准化规范化建设。三是强化评议考核和结果运用。每年把抓党支部建设情况列入二级党组织书记抓基层党建工作述职评议考核的重要内容，作为评判其履行管党治党政治责任情况的重要依据，发挥“指挥棒”导向作用。党委组织部门注意通过党支部了解掌握党员干部日常表现，干部考察听取考察对象所在党支部的意见。对抓支部建设不力、工作任务不落实的，学校党委及时约谈，问题严重的进行组织处理。

2. 全面强化党支部的政治功能

一是加强党支部政治建设。坚持把坚定正确的政治方向放在党支部建设的首位，强化对师生党员的思想引领，推动习近平新时代中国特色社会主义思想学习宣传贯彻走深走实，切实树牢“四个意识”、坚定“四个自信”、坚决做到“两个维护”。深入开展党史、新中国史、改革开放史、社会主义发展史学习教育活动，引导师生干部进一步坚定理想信念。二是坚持把党的领导全面落实到基层。加强党支部对各类组织、各项工作的领导，强化党支部在同级组织中的领导地位，明确党支部在教育教学、科研管理等重大事项中加强政治把关和参与决策作用的具体办法，树立党的工作一切到支部的鲜明导向。三是持续深入整顿软弱涣散党支部。重点从党支部班子配备、党支部书记工作状态、班子团结、党内组织活动、换届纪律、不合格党员处置、意识形态工作、安全稳定工作、党务政务财务公开和民主管理、支部活动场所建设、党支部服务群众、干部作为、党员干部遵纪守法、按期换届、发展党员等方面情况进行排查。针对排查出的问题，按照“分类施策”的原则，结合党组织实际，有针对性地制定整治措施，明确目标、明确方式、明确时限、明确领导责任，全面开展整治工作，形成长效规范贯穿始终，构建强基固本的长效机制，推动所有党支部全面进步、全面过硬。

3. 规范和优化党支部设置

一是科学设置党支部。按照有利于发挥党支部战斗堡垒作用和党员先锋模范作用，有利于开展党员教育、管理、监督和服务的原则设置党支部。各二级学院在符合设立党支部条件的教研室中设立教工党支部，并结合本学院实际根据年级或专业成立学生党支部。符合成立党支部条件的机关处室均单独设立了党支部，不符合成立党支部条件的机关处室与相近的机关处室联合成立党支部，做到党的组织和党的工作“全覆盖”。二是规范设置党支部。对党员人数超过50人、少于3人的党支部，对长期不开展党的活动或作用发挥不明显的党支部，对“空壳”“僵尸”党支部，该调整的调整，该清理的清理，该撤销的撤销。对出国出境或参加校外教学科研、实习和实习指导、学术交流活动连续6个月以上的师生党员，及时纳入党组织管理，条件具备的建立临时党支部或党小组。

4. 加强支部委员会和带头人队伍建设

一是规范党支部书记选任条件。明确不同类型党支部书记的基本条件、选拔渠道，突出政治标准，拓宽选任事业，按照职责程序，采取多种方式，培养选拔有干劲、会干事、作风正派、办事公道的优秀党员担任党支部书记。二是注重选优配强党支部书记。学校行政党支部书记由本部门党员负责人担任。教师党支部书记由党性强、业务精、有威信、肯奉献的，政治素质高、师生威信高、党务工作能力强、教学科研能力强的“双高双强”教师担任，2020 年覆盖率达到 100%。学生党支部书记按照守信念、重品行、有本领、敢担当、讲奉献的要求，注重从优秀辅导员、骨干教师、优秀大学生党员中选拔。三是加强党支部书记教育培训。坚持每年举办基层党支部书记培训班 1～2 期，实现党支部书记全员轮训，把党支部标准化规范化建设纳入培训的重要内容，突出针对性和实效性，切实提升党支部书记的政治素质和履职能力，有力推进党支部标准化规范化建设。四是从严管理党支部书记。健全完善考核评价机制，制定党支部书记履行党建职责考核办法，加强考核结果运用，将考核结果作为评先评优、选拔使用的重要依据。

5. 严格党员发展教育管理和服务

一是提升发展党员质量。制定出台《百色学院发展党员工作实施细则》和《百色学院发展党员工作流程》，健全发展党员工作制度，严格按照“十六字方针”做好党员发展工作，程序严谨，手续完备，检查到位。突出结构优化，排查整改多年未发展党员的教师党支部。二是强化党员日常教育管理。制定出台《百色学院党员教育管理工作实施细则》。注重对党员能力的培养，将理论学习和实践锻炼相结合，提高党员履职水平和应对复杂局面的能力。充分保障党员合法权利，增强党员的荣誉感和责任感，不断激发党员队伍的生机活力。综合运用监督执纪“四种形态”，保持党员队伍的先进性和纯洁性。三是强化党内关怀帮扶措施。落实党内关怀帮扶制度，从政治、思想、工作、生活上激励关怀帮扶党员，积极帮助党员排忧解难，形成平时有人访、困惑时有人解、困难时有人帮的长效机制，让党员充分感受到党组织的关怀和温暖，增强对组织的认同感、归属感。四是规范党员党费收缴工作。制定出台《百色学院关于党费收缴管理和使用的规定》，规范党员党费缴纳，做好党费缴纳管理。组织党员学习中组部《关于中国共产党党费收缴、使用和管理规定》，教育广大党员明确向组织缴纳党费是共产党员应尽的义务，要求党员按时足额缴纳党费。学校每年至少开展一次党费收缴工作专项检查。

6. 提升党支部组织生活质量

一是切实提升党支部组织生活质量。制定出台了《百色学院基层党组织"三会一课"制度》《百色学院基层党组织生活会制度》《百色学院基层党组织党员领导干部民主生活会制度》《百色学院党员领导干部过双重组织生活制度》《百色学院领导班子成员谈心谈话制度》《百色学院民主评议党员制度》等，用制度规范党内生活，增强组织生活实效，使组织生活成为党员党性教育的"大熔炉"。二是抓实党支部主题党日活动。结合高校实际，每月相对固定时间开展主题党日活动，逐月设计主题，组织党员集中学习、过组织生活、开展志愿服务等，确保主题党日有实质内容、有实质效果。推进实施教师党支部与学生党支部结对共建，鼓励校企、校地党支部共同开展组织生活。

7. 推动党支部创先争优

一是实行党支部星级化管理。2018 年起，学校开展党支部星级评定工作，将组织设置规范要求、班子配备规范要求、队伍建设规范要求、制度执行规范要求、活动开展规范要求融入星级评定管理。坚持动态管理、跟踪问效，坚持问题导向、目标导向、结果导向相统一，对达标党支部坚持巩固提升，对中间党支部重点解决短板问题，对未达标党支部加大整顿力度。二是推动党支部建设与服务中心工作同向发力。引导党员立足岗位做表率、做贡献，激发党支部和党员服务教学、服务科研、服务社会的正能量。学校行政党支部围绕服务学校发展大局，推进党建工作与行政业务工作深度融合，充分发挥党组织、群团组织服务管理、凝聚教育师生的作用。教师党支部紧紧围绕立德树人这个根本任务，着力提升思想政治工作质量，教育引导广大教师党员争当有理想信念、有道德情操、有扎实学识、有仁爱之心的好老师。学生党支部做好学生思想政治工作，推进学风建设，努力把党支部建设成为组织、宣传、凝聚、服务学生的坚强战斗堡垒。三是推进党支部建设方式方法创新。积极推进“一支部一特色、一学院一品牌”的党建品牌创建工作，大力推广支部联建共建、“党建+”“党员先锋课堂”等平台载体，探索差异化、个性化的思想政治工作招数，把党的创新理论成果转化成漫画、图文、歌曲等学生喜闻乐见的形式，充分运用微视频、微党课等新媒体手段，推动党支部活动上“云端”、进网络，提高支部活动的时代性、实效性和吸引力、感染力。四是推进党支部建设体制机制创新。尊重基层的首创精神，培育典型、树立标杆，总结推广好经验好做法。积极参与全国全区高校党建工作示范高校、标杆院系、样板支部培育创建工作，发挥先进典型的示范引领带动作用，巩固深化基层党建工作成果，推动党建质量普遍提升。五是开展“学习身边榜样”活动。采取线上线下相结合的方式，组织动员各级党组织和广大党员积极寻找、发现一批立得住、叫得响、党员群众公认的身边榜样，通过讲好榜样故事，用身边事教育身边人，促进党员队伍建设质量提升。

（四）加强党建带团建

共青团是党领导的先进青年的群众组织，是党的助手和后备军。实践证明，加强基层党建带团建工作是充分发挥共青团生力军和突击队作用，完成党的中心任务的重要保证；是活跃基层，打牢基础，扩大党的工作覆盖面和影响力的迫切需要；是为党的队伍源源不断注入新鲜血液，保证党的事业薪火相传、后继有人的战略任务。高校党委必须高度重视共青团工作，把共青团建设纳入党的建设总体规划中。高校各基层党组织必须加强基层党建带团建工作，确实增强“带”的责任意识，扛起“带”的责任，带好政治建设、思想建设、组织建设、作风建设、阵地建设、队伍建设，完善工作机制，推动党建带团建落地见效，增强党建育人的合力。

1. 带好政治建设

一是履行好政治责任。学校各级党组织带领共青团不断加强政治建设，提高政治站位，把准政治方向，涵养政治生态，提高政治能力，严守政治纪律和政治规矩，增强“四个意识”、坚定“四个自信”、做到“两个维护”，切实把党的理论和路线方针政策贯彻落实到共青团工作各方面、全过程。二是强化共青团组织的政治性。学校各级党组织带领共青团坚定不移坚持党的领导，坚定不移走中国特色社会主义发展道路，不折不扣落实党中央、团中央关于共青团改革的决策部署，切实增强团组织的政治性、先进性、群众性。学校各级团组织加大政治动员、政治引领、政治教育工作力度，把团员青年最广泛最紧密地团结在党的周围，为学校改革、发展与稳定凝智聚力。

2. 带好思想建设

一是加强思想政治引领。学校党委指导学校团委建立健全团委理论学习中心组学习制度，深入开展“青年大学习”行动，示范引领团员青年持续深入学习贯彻习近平新时代中国特色社会主义思想，进一步增进对党的基本理论、基本路线、基本方略的政治认同、思想认同、情感认同。加强团员青年的形势政策教育，不断创新形势政策教育的内容、形式、方法和载体，帮助团员青年正确认识世界和中国发展大势、正确认识中国特色和国际比较、正确认识时代责任和历史使命、正确认识远大抱负和脚踏实地，树立中国特色社会主义共同理想，铸牢中华民族共同体意识，坚定听党话、跟党走的信念信心。学校党委书记每年至少给团员青年做 1 次形势政策报告。二是加强价值引领。学校党委推动共青团充分运用现有的各种宣传教育阵地和思想政治工作队伍，紧密结合青年学生思想实际，大力弘扬社会主义核心价值观，大力推动先进群体走进校园，积极宣传黄大年、黄文秀式的新时代先进典型、道德模范、“最美人物”等先进典型的拼搏精神和感人事迹，充分发挥先进典型示范带动作用，激发广大青年学习先进、追赶先进、争当先进的持久内生动力，引导广大青年以昂扬的精神状态积极投身到“建设壮美广西共圆复兴梦想”的实践中。三是加强意识形态工作。学校党委不断加强对意识形态工作的领导，指导各级团组织切实落实意识形态责任制，严格管理好各级各类团属媒体，守好意识形态阵地。各级团组织主要负责人要带头抓意识形态工作，带头批评错误观点和错误倾向，做到重要工作亲自部署、重要问题亲自过问、重大事件亲自处置。学校各级团组织每年向同级党委和上级团委专题汇报 1 次落实意识形态责任制工作情况。四是推进实施青年马克思主义者培养工程。学校党委要指导共青团以大学生骨干为重点，将理想信念教育放在首位，建立健全学校、院系“青马工程”培养体系，培养一批能够运用马克思主义的立场观点方法分析问题、解决问题，牢固树立政治意识、大局意识、核心意识、看齐意识，对党忠诚、信仰坚定、素质优良、作风过硬的大学生骨干，影响带动广大学生团结凝聚在党的周围。

3. 带好组织建设

一是做好推优入党工作。学校党委注重发挥共青团作为党的后备军、不断为党组织输入新鲜血液的职能，坚持“28 周岁以下青年入党，一般应从团员发展，发展团员入党一般应经过团组织推荐”的原则，指导共青团将“推荐优秀团员作为入党积极分子人选（推优育苗），推荐入党积极分子成为发展对象（推优入党）”纳入学校团员发展为党员的工作流程，不断完善推优入党制度。二是加强基层团组织建设。学校党委督促共青团严格执行校级和院系团的代表大会定期召开制度，持续加强团支部规范化建设，推动落实“三会两制一课”制度，创新团的组织生活方式，规范团员发展、关系转接等基础团务，提升基层团支部的组织功能。巩固班级团支部建设，推行班级团支部和班委会一体化运行机制，探索宿舍建团、实验室建团、网络建团等团建机制。条件成熟的在青年教职工中成立专门团组织，加强对青年教职工团员的组织、引导和服务。三是坚持和完善党领导下的“一心双环”团学组织格局。在学校党委的全面领导下，坚持和完善以团委为核心和枢纽，以学生会组织为主体组织，以学生社团及相关学生组织为外围延伸手臂的“一心双环”组织格局。学校党委将学生会和学生社团建设工作纳入学校党建工作整体格局统筹谋划，定期听取学生会和学生社团工作汇报，研究决定重大事项，及时解决有关问题，形成党委统一领导，党委学生工作部统筹负责，团委具体指导，各职能部门分工合作、协调运行的工作机制。四是保持团员队伍的先进性。学校各级党组织加强对共青团团员发展工作的指导。共青团组织坚持政治标准，规范团员发展流程，提高团员发展质量。聚焦育人根本任务，大力推广实施共青团“第二课堂成绩单”制度，将其纳入学校人才培养体系和“大思政”工作格局。将推荐优秀团员作为入党积极分子人选和推荐入党积极分子成为发展对象“双推优”工作作为高校基层团组织的重要工作职责，纳入学校党员发展工作规划，不断完善推优制度。推动团员实名注册成为青年志愿者，深化志愿服务实践，在志愿服务中亮出团员身份，充分发挥团员先锋模范作用。

4. 带好作风建设

一是加强党的优良传统和作风教育。学校各级党组织不断加强自身建设，以良好的作风带动团组织的作风建设。带动团组织继承和发扬党的理论联系实际、密切联系群众、批评与自我批评等优良传统和作风，引导团干部树立正确的名利观、成长观。各级党组织主要负责人每年至少给青年团员上1次党课。二是建立和完善下基层工作制度和青年学生需求调查制度。学校党委推动共青团干部开展大走访、大调研活动，深入班级、学生组织、学生宿舍，深入学生，同广大青年学生建立密切联系，及时掌握青年学生所需所想，解决青年学生所急所求，坚决克服机关化、行政化、贵族化、娱乐化倾向。完善团干基层联系点制度，校团委干部每人每年直接联系1个以上基层团支部，深入院系、班级和学生组织等基层单位开展调研指导时间不少于40天。三是抓好共青团干部队伍纪律建设。坚持严字当头，持之以恒落实中央八项规定精神和自治区实施细则，驰而不息正风肃纪，打造勇于改革、担当实干的干部队伍，树立起新时代共青团干部的良好形象。

5. 带好阵地建设

一是强化网络阵地建设。加强共青团网络舆论引导工作，建立健全学校党委宣传部门统筹下的团学组织网络舆论引导工作机制，注重抓住重要契机策划设置网络话题、进行网上主题宣传，带动广大青年师生在网络空间传播青春正能量。推动共青团建设与信息技术紧密结合，全力打造“网上青年之家”，指导推进“智慧团建”系统建设，提升“两微一端”平台建设和工作联动水平，探索在青年学生聚焦度高的网络空间开辟新的工作阵地。充分运用新媒体，注重发布具有特色亮点并符合青年实际需求的信息内容，提升吸引力，发挥好引领青年政治思想的作用。二是强化线下阵地建设。学校党委创造条件，为共青团提供活动阵地，把线下阵地建设纳入学校发展规划，从设备、经费、人员等方面给予大力支持。积极推行阵地“党团共建共用共享”模式，整合党员活动室等阵地场所功能，建设统一管理、统筹使用、形式多样的党团活动中心，打造一批特色鲜明的新时代党建带团建工作品牌。

6. 带好队伍建设

一是加强共青团干部队伍建设。学校党委重视共青团干部的培养和使用，加大培训力度，有序推进学校共青团干部跨系统、多岗位交流，完善校内转岗和校外流动的制度安排。选优配齐配强团组织领导班子和干部，打造专职、兼职、挂职相结合的共青团干部队伍。同级党组织确定团组织主要负责人任免等事项，事先向团的上级组织征求意见。学校校级团委单独设置，按要求足额配备专职团干部。院系团组织配备至少1名专职团干部。二是落实共青团干部待遇。校团委负责人按五级职员设置管理岗位。校级团委各部部长、院系团组织书记为专职干部的，学校参照科级正职相应职级干部配备和管理。落实好各级挂职、兼职团干部的待遇，做好日常管理服务工作。各级团委书记是党员的，作为同级党委委员候选人提名人选，并可列席同级党委会议。学校各级团委主要负责人可列席同级党委理论学习中心组学习活动。三是加强共青团干部教育培训。学校党委充分重视团干部教育培训工作，指导共青团组织建立和完善团干部教育培训机制，将团干部教育培训工作纳入学校的干部教育培训工作整体规划当中，加强领导，统筹安排，及时解决团干部教育培训工作中的困难和问题。

7. 完善工作机制，推动党建带团建落地见效

一是建立党团工作联席会议制度。党团工作联席会议由学校党委分管副书记和党委组织部部长作为会议正、副召集人，学校共青团和有关部门负责人参加。根据党委工作部署和共青团工作需要，每年至少召开1次专题会议，统筹推进党建带团建工作，协调解决共青团工作中遇到的困难和问题。联席会议的日常工作由学校党委组织部门负责。二是健全考核考评制度。将共青团工作情况作为二级学院党组织书记抓思想政治工作和党的建设述职评议考核的重要内容，且占比不低于10%。改进学校共青团组织考评工作，减轻共青团行政性、机关性事务负担，突出共青团组织服务团员的考评导向，坚持把师生评价作为重要标准，加大团员参与度。三是完善工作经费保障制度。学校党委要将共青团开展工作所必需的经费纳入学校部门预算，按照在校生人均每年不低于20元的标准划拨团委日常工作经费，并根据实际加大对共青团工作经费支持力度，确保党建带团建工作落到实

处、取得实效。

二、百色学院组织育人的创新模式

组织育人是新时代高校全员全程全方位育人的重要内容，是落实高校立德树人根本任务的重要途径。2017 年 12 月，中共教育部党组印发了《高校思想政治工作质量提升工程实施纲要》，明确提出要切实构建“组织育人质量提升体系”，强调要把组织建设与教育引领结合起来，强化高校各类组织育人作用的发挥。

党的十九大报告指出，加强基层组织建设“要以提升组织力为重点”。组织力是组织生命力的具体表现，直接关系党的创造力、凝聚力、战斗力和领导力、引领力、号召力。提高基层党组织的组织力，是做好思想政治工作的基础。党支部是“火车头”，也是党联系和团结师生、做思想政治工作的依托。为提高党支部的组织力，百色学院党委在全校党员中开展“党员觉悟再提高”工程和实施“党建工作再规范化再提高”行动，进一步规范学校基层党建工作，切实提高全体党员政治意识、思想意识和党员意识。

（一）实施“党员觉悟再提高”工程

一是学习党章党规。各党支部充分利用“三会一课”、党员活动日等载体组织全体党员学习入党誓词，深入学习党章党规，学唱熟唱《我宣誓》歌曲。在每次集中学习前，先提出“党员可以拒绝担任党支部书记吗”“党员可以拒绝做党日活动笔记吗”“党员可以拒绝承担党务工作吗”“党员可以拒绝参加党员活动吗”“对照党员标准和义务，我能做什么”等问题，以及其他更多现实存在的问题，要求党员围绕这些问题展开讨论。二是开展对照检查和检视问题讨论会。以支部为单位召开党员大会，支部党员人数较多的也可以召开党小组会。每位党员对照党章党规，依次回答以上问题。大家共同讨论，认识错误，回到正确认识的轨道上。三是抓好整改落实。通过以上两个步骤，纠正错误认识后，要求各位党员针对自己的错误提出整改落实的措施。最后，对履职不力或不履职的支部书记进行相应调整，并制定实施规范的党委（党总支）、党支部党建活动计划，分配各位党员应承担的义务。

（二）实施“党建工作再规范化再提高”行动

一是规范党员场所建设。机关党委、各二级学院党委（党总支）、党支部按“六有”（有标志、有党旗、有制度、有书报、有设施、有台账）标准建设固定的党员活动室；规范设置党务公开栏、宣传栏，公开内容简单明了，党内信息公布及时；建设相对稳定的党员党性教育活动基地或教学点。2017 年，学校划拨经费，支持机关党委、各二级学院党委（党总支）按照“六有”标准建设“党员活动室”，供各党支部使用，保障支部活动场所。二是规范党员队伍建设。规范发展党员工作，发展党员做到有计划、有措施，严格党员发展程序；严格党员教育培训，每位党员和各级书记、党务工作者，每年必须按规定完成集中学习培训任务；规范组织关系管理，党员组织关系隶属清楚，按规定完成党员组织关系转接；严格党费收缴使用管理，党员按时足额缴纳党费，按时公开党费收缴使用情况；落实党内激励关怀制度，按规定开展党内表彰、帮扶困难师生党员工作。三是规范党内组织生活。要求按时按规定进行主题党日活动和“三会一课”、民主评议党员、组织生活会、双重组织生活等党内组织生活制度。此外，不断丰富活动载体：推进创优争先活动，打造“五好”（支部班子好、党员管理好、组织生活好、制度落实好、作用发挥好）党支部；推进“两学一做”常态化制度化，开展“争做合格党员，争当八桂先锋”活动；推进对标争先活动，在管理服务部门党员中开展“三亮三比三评”（亮标准、亮身份、亮承诺，比技能、比作风、比业绩和领导点评、党员互评、群众评议）活动，在教学科研一线党员中开展“争做教书育人标兵、争当师德师风楷模”活动，在离退休职工党员中开展“离岗不离党，退休不褪色”活动。四是保证党员活动经费。为保证支部活动正常开展，学校按照教师党员人均每年不低于150元、学生党员不低于100元的标准核定党支部工作活动经费，列入学校经费预算，为党支部开展组织生活提供经费保障。此外，同意各二级学院从本科建设经费中按每位党员每年不低于50元的标准支持党支部开展各项活动。学校每年还从校内经费中列支党员教育专项经费预算和干部教育经费预算，用于开展全校性党员领导干部和党员教育工作，保证经费的正常开支。每逢重大活动，学校还单列专项经费，以保证党支部活动的正常进行。

（三）推行党支部和党员“一日一事”制度

“一日一事”制度，即“支部活动日、党员示范事”制度，是推进“两学一做”学习教育常态化制度化的具体措施。一是推行“支部活动日”制度。由各党支部根据各自实际情况以每月的某一个星期二下午作为本支部党员固定活动日，开展“三会一课”、缴纳党费两项“规定动作”。同时，结合实际灵活开展组织生活会、民主评议党员、民主议事、党务公开、谈心谈话、实践锻炼、服务师生群众、走访调研、重温入党誓词等“自选动作”，不断增强党的组织生活活力。“支部活动日”以党支部为活动组织单位，要求支部内所属正式党员、预备党员参加，根据活动内容吸收入党积极分子参加。“支部活动日”要求各党支部每月填写“支部活动日”计划小结表，并报上一级党组织备案。同时要求进一步规范“三会一课”及其他党员活动记录，各支部（党小组）使用统一的格式记录党支部（党小组）活动情况。二是推行“党员示范事”制度。由党员围绕“四个合格”要求，每月制订“学、做、改”三方面各做一件实事的计划，并严格予以实施。“四个合格”的具体要求是：在政治合格方面，重点是坚定理想信念，正确把握政治方向，坚定站稳政治立场，切实增强“四个意识”，不断增强中国特色社会主义道路自信、理论自信、制度自信、文化自信，坚决维护以习近平同志为核心的党中央权威，坚决把党中央各项决策部署落到实处。在执行纪律合格方面，重点是增强组织纪律性，执行党的决定，服从组织分配，严守党的纪律特别是政治纪律和政治规矩，自觉遵守中央八项规定精神和自治区相关配套规定，坚持民主集中制，严格执行重大事项请示报告等制度。在品德合格方面，重点是继承发扬党的优良传统和作风，大力弘扬忠诚老实、光明坦荡、公道正派、实事求是、艰苦奋斗、清正廉洁等共产党人价值观，带头践行社会主义核心价值观，加强党性修养，守住廉洁自律底线，保持共产党人本色。在发挥作用合格方面，重点是牢记党的根本宗旨，爱岗敬业、履职尽责，服务群众、奉献社会，敢担当、敢负责、敢作为，在促进改革发展稳定中做表率、当先锋。“党员示范事”要求党员个人每月填写“党员示范事”计划小结表，并报所在党支部或党小组。

百色学院党支部____月份 “支部活动日”计划小结表

支部名称			支部书记（签名）		
正式党员数		预备党员数		入党积极分子数	
本月计划	1. … 2. … 3. … 主要内容包括“三会一课”、缴纳党费、开展组织生活会、民主评议党员、民主议事、党务公开、谈心谈话、实践锻炼、服务师生群众、走访调研、重温入党誓词等工作计划。				
本月小结	主要小结本月“支部活动日”计划完成情况及存在的主要问题，提出下一步整改的措施和办法。				

党支部委员会、党员大会、党小组会记录（样本）

党支部（党小组）

会议议题			
时间		地点	
主持人		记录人	
应到人数		实到人数	
会议内容：			

党课记录（样本）

党支部（党小组）

时间		地点	
授课人		记录人	
应到人数		实到人数	
授课主题			
授课内容：			

其他党员活动记录（样本）

党支部（党小组）

主题			
时间		地点	
主持人		记录人	
应到人数		实到人数	
组织生活内容：			

百色学院“党员示范事”计划小结表

年 月

<table>
<tr><td colspan="2">姓名</td><td></td><td>正式党员□</td><td>预备党员□</td></tr>
<tr><td colspan="2">所在党支部（党小组）</td><td colspan="3"></td></tr>
<tr><td colspan="2">所在单位及职务</td><td colspan="3"></td></tr>
<tr><td>本月计划</td><td colspan="4">1. …
2. …
3. …
主要围绕政治合格、执行纪律合格、品德合格、发挥作用合格的要求，在“学、做、改”三方面各做一件实事制订计划。</td></tr>
<tr><td>本月小结</td><td colspan="4">主要小结本月个人“党员示范事”计划完成情况及存在的问题，提出下一步的整改措施和办法。</td></tr>
</table>

三、百色学院党群育人的创新模式

坚持党对育人工作的全面领导，树立“大党建”理念，充分发挥各个基层党组织的特色优势，把“党建+”深入融合到人才培养、科学研究、服务社会各项工作中，坚持党建引领和事业发展互融互促、协同发展，通过机制联结、资源整合、优势互补形成组织育人整体优势，构建组织协同育人机制，形成以党的建设为核心的纵横体系，实现党建和业务“双谋划，双丰收”，充分发挥和释放高校党群育人实效。

（一）凝聚党群合力，织密党内外育人体系

为充分发挥基层党组织凝聚力、战斗力和党员先锋模范作用，调动党外教职工在育人中的积极性、主动性和创造性的重要举措。百色学院党委出台《关于进一步完善基层党组织与党外人员联系组织体系的意见》，规定由各基层党组织根据本单位实际情况，安排党员领导干部或党支部书记联系 1~3 名高学历高职称的党外教职工，普通党员按照 1 对 1 的要求联系党外教职工，并明确联系的具体内容，落实联系的工作机制，健全基层党组织与党外人员联系组织体系，发挥党群育人合力。一是坚持党员与联系对象经常联系制度。党员要加强与党外人员联系，可利用重大节日、重要庆典、纪念活动等契机，通过电话、短信、微信、QQ、登门看望等方式经常与联系对象谈心交心，坚持遇事同联系对象商量，遇到紧急的需要全校教职工群策群力共同完成的工作事项及时与联系对象联系沟通，传达学校和党组织要求，当好他们的服务员和贴心人。二是坚持党组织召开党外人员座谈会制度。机关党委、各二级学院党委（党总支）每年至少召开 1 次党外人员座谈会。在每年召开民主生活会前或在重大工作决策部署前，可根据情况，专门召开党外教职工或有党外教职工参加的座谈会，听取党外教职工的意见和建议。党支部在民主评议党员、发展党员等工作中，要通过个别访谈或座谈会的方式，征求党外教职工对党支部、党员或发展对象的意见；在部署、完成本单位重要任务或者完成上级党组织布置的专题工作时，可根据实际情况和上级有关要求，采取必要的个别访谈和群众座谈会的方式，征求党外教职工的意见建议。参加座谈会的人员，各基层党组织可视具体情况和工作需要以及上级党组织的要求确定。三是坚持党员

联系党外人员信息反馈制度。每个有联系任务的党员，每季度至少跟联系对象联系沟通 1 次，并做好联系记录，及时将联系对象当前的思想、工作、生活等方面情况，以及有关意见建议和有关诉求向所在党支部（党小组）汇报。四是坚持问题解决在基层制度。对党外教职工反映的突出问题及诉求，各基层党组织要认真加以研究，凡属基层能解决的，由基层自行解决，并及时做出答复和处理，坚持把问题解决在基层。属于需要学校层面解决的问题，要及时上报学校党委研究解决。五是建立党组织、党员联系党外人员工作交流制度。党支部（党小组）结合“三会一课”，每季度召开一次党员联系党外人员经验交流会，听取党员汇报情况；机关党委、二级学院党委（党总支）每半年召开一次经验交流会，听取党支部工作开展情况；学校党委将二级分党委（党总支）联系党外教职工的情况列入党组织书记落实基层党建主体责任述职评议考核的内容，在全校范围内交流互鉴。

（二）突出党团组织的政治思想引领功能

坚持党委把方向、管大局，各级院系党组织、基层党支部以及高校共青团组织要牢牢掌握思想政治工作主导权，尤其要突出政治思想引领，保证学校始终成为培养德智体美劳全面发展的社会主义建设者和接班人的坚强阵地，出台《关于建立基层党团组织与青年大学生密切联系组织体系的实施意见》，明确学生党支部根据实际情况按照 1 对 1 或 1 对多的形式联系本学院团支部；每位学生党员（含预备党员）按照 1 对 1 或 1 对多的形式联系本学院团支部团员，确保每一名党员都有具体的团员联系对象，实现团支部全覆盖、不遗漏。原则上大二、大三的学生党员联系本年级和大一的学生团员，大四的学生党员联系本年级团员。在此基础上，各班团支部根据团员的实际，由党员所联系的团员按照1对1或1对多的形式联系本班非团员，确保每一名非团员都有党员所联系的团员联系，实现全覆盖、不遗漏。

开展党员联系团员、团员联系非团员的主要内容包括：一是开展宣传工作。向广大青年学生宣传党的路线方针政策，及时传达学校的重大规划部署、重大政策举措，通报本单位改革发展的大事，让他们知情，发动他们参与，调动他们的积极性。二是掌握思想动态。了解和掌握广大青年学生的思想动态，针对他们普遍关心的重点、热点和难点问题交流看法，做深入细致的思想政治教育和思想政治引领工作，使他们紧密团结在党中央周围。三是征求意见建议。收集广大青年学生对学校及所在单位在建设、发展和改革等重大事项及教学、管理、服务等方面的意见和建议，并及时向党组织反馈，凝聚青春智慧，接受青年学生的监督。四是开展关怀帮扶。了解广大青年学生的学习和生活情况，倾听青年学生的心声，及时帮助他们解决存在的实际困难和问题，维护学生的正当利益。五是开展党员、团员发展工作。通过党员联系团员，在优秀团员学生中培育入党积极分子；通过团员联系非团员，动员优秀的大学生积极向团组织靠拢。六是贯彻落实学校党委的其他指示精神。同时，强化工作机制，以充分发挥组织体系的作用。推行阵地“党团共建共用共享”模式，整合党员活动室等阵地场所功能，建设统一管理、统筹使用、形式多样的党团活动中心。

第九章　百色学院教师党建育人的实践探索

新时代引领新要求，呼唤新作为。高校教师党支部要正确领会党中央对新时代党建工作的新思想、新目标、新要求，紧紧围绕立德树人根本任务，扎实推进党建工作，全面提升教师党建育人的功能。百色学院深入领会教师党支部在党建育人工作中的重要作用，认真贯彻落实中央印发的《中国共产党支部工作条例（试行）》《国家职业教育改革实施方案》《关于加强新形势下高校教师党支部建设的意见》《高校党建工作重点任务》《关于高校教师党支部书记“双带头人”培育工程的实施意见》等系列制度文件，结合实际积极搭建起良性工作机制和平台，促进教师党支部的有效运转，切实增强高校教师党支部的凝聚力、战斗力，切实提升了党建育人的功能。

一、发挥二级学院党组织育人的协调推动作用

二级学院是高校按学科或职能设置的教学、科研机构，在高校教学、科研及管理等工作中起着承上启下的关键作用。加强和改进二级学院党建工作，构建二级学院党建与业务相融合的模式，充分发挥二级学院党组织在育人工作中的统筹协调和推动作用，对于贯

彻落实党要管党、全面从严治党的新时代党建要求，推动学校事业发展有极其重要的意义。

（一）明确权责，压实育人责任

《中国共产党普通高等学校基层组织工作条例》规定了基层党组织的职能。二级学院党组织的职能是院系建设发展的政治核心，发挥的是政治核心作用。“政治核心”不等同于“以党代政”，也不等同于“党只管党”。二级学院组织是学校党委和行政领导下的二级管理实体，是教学、育人、科研等工作的主体，是学校办学成败的关键所在。

1. 发挥二级学院党委（党总支）政治核心作用，加强育人政治引领

二级学院党委（党总支）要通过党政联席会这一良好的决策机制，把握二级学院的发展方向，对二级学院发展愿景描绘、专业申报与撤销、人才培养方案制订、人才引进、产教融合等重大问题参与决策，充分发挥政治核心和保证监督的作用。一是拓宽工作思路，找准切入点。改变过去党建工作与行政业务工作脱节的状况，搭建育人核心与中心工作深度融合的平台，如提高党员思想政治理论与业务理论素养的“理论学习”平台，提升育人能力的“业务提升”平台，提高科研、服务社会能力的科研、服务社会平台，提高学生就业竞争力的品牌活动平台，提高团队凝聚力的情感沟通平台等，实现抓党建促发展。人才是第一资源，做好新时代的组织工作，二级学院党委要树立强烈的人才意识，做好人才的团结、引领、服务工作。运用思想工作、学树榜样、发挥群团作用、创新活动载体等排忧解难、提升境界、凝聚人心与助力自我实现，做到教职工思想

问题有人释疑解惑，政治要求有人指点引导，工作需要有人出谋划策，生活困难有人真情帮助。在学院内营造人人思进、同向同行、用钉钉子精神抓落实的干事创业氛围。二是发挥二级学院纪检监察作用，实现监督全覆盖。牢牢把握和引领本院各项工作的政治方向，在事关师生的根本利益上、事关本单位的重要工作部署上，坚决贯彻校党委的决议决定；畅通反映问题渠道，设立意见建议电子邮箱，设置学院领导接待日，经常深入班级、教研室、党支部，检查党和国家的方针、政策及学校的各项决定在本系的贯彻执行情况，杜绝一切违背原则的做法。

2. 创新党建思路，构建二级学院党建模式

高校二级学院是高校办学实体，是高校实现学科建设、教学、科研、管理和社会服务等职能的载体，对学校整体办学指标和目标的实现具有重要影响。二级学院党组织是把握方向、凝聚人心、引领发展的主心骨，其党建工作水平直接影响所在学院各项事业的发展，同时关系学校整体办学目标能否顺利实现。二级学院党组织要按照新时代党的建设总要求，积极探索构建学院党建工作与业务工作对接融合的有效模式，提升学院党建工作质量，以高质量党建推动学院事业高质量发展。一是适应新时代新要求，创新二级学院党建模式。百色学院各二级学院党委（党总支）结合高校规律和院系自身特点，围绕立德树人的根本任务，创新党建模式，增强党建的育人引领作用。党建模式是党组织为了实现政治任务，围绕思想、组织、作风、制度等方面构建的一种运行模式，它通过运行而彰显。百色学院各二级学院党组织党建模式的运行体现了党建目标的先进性，把党组织的自身建设和党领导的中国特色高等教育事业的战略发展紧密结合，全体党员在日常工作实践中发挥党员先进性。二是

完善考评机制，激发组织活力。科学化的考核和评价是党建工作落到实处、取得实效的保障。一方面，百色学院坚持“定量与定性考核相结合，以定量考核为主”这一原则，分别修订了二级学院党委(党总支)、党员领导干部、普通党员的考核办法，在确定考核内容、选择考核方式、划分考核等级、设置考核标准以及制定考核程序上尽可能纳入可量化的元素。通过完善考评机制，使二级学院党委（党总支）和各党支部的工作更有章可循、对标对表、整体上水平；通过科学的考评，推动二级学院党组织、党员干部、普通党员的工作积极性、主动性、创造性。另一方面，充分运用考核结果，将其作为班子调整、干部任用、评先选优的重要依据；对不能较好履职尽责、作风不实、效果不达标的组织或党员，追究责任；同时将其纳入二级学院绩效和个人绩效考核，与重大项目申报、专业建设投入、奖励绩效额度相挂钩。

（二）构建二级学院“三全育人”新模式

百色学院坚持以习近平新时代中国特色社会主义思想为统领，以立德树人为根本任务，以培育和践行社会主义核心价值观为原则，立足中国大地办教育，立足百色革命老区办学，以全员育人、师德师风建设为抓手，在全过程育人、全方位育人上着力，坚持以中国共产党革命精神与红色文化为内容，以铸红魂为目标，推动全校各学院各单位完善和推进运用课程育人、科研育人、文化育人、实践育人、网络育人、心理育人、管理育人、服务育人、资助育人、组织育人十大通用育人途径培养学生，铸就红魂，构建“三全育人”新格局。

1. 强化统筹协同，推进党建工作和学院发展“一体化”

一是聚焦服务中心工作，将党组织发挥作用的路径具体化。在二级学院层面部署工作时，注重整体性、系统性和协同性，做到学院规划与学校规划、专项规划之间紧密对接、相互支撑、系统协调。在支部层面，使支部成为团结群众的核心、教育党员的学校、攻坚克难的堡垒，在支部日常活动中把解决具体难点和实际问题与思想动员统一结合起来，发挥得人心、暖人心、稳人心的功能。二是聚焦横向联动，将党组织育人融入各环节。二级学院党组织与校内各部门、校外各类资源横向联动，在日常工作中主动挖掘育人要素并完善育人机制，优化评价激励措施以做到从制度上保障目标实现。以课程育人、科研育人、实践育人等“十大育人”体系为基础，将思想政治工作融入人才培养各环节，形成中观的一体化育人体系。在二级学院横向的推进和职能部门纵向的主动呼应与延伸相结合的背景下，形成微观一体化育人体系。对于教职员工，从制度设计上激励每一位专业教师和教职员工积极参与“三全育人”工作，从而真正实现把思想政治之“盐”溶入教育之“汤”。

2. 强化思想价值领航，构建组织功能发挥的提升路径

一是切实将党的领导贯穿全程。新时代党的建设要求高校党组织坚持加强党的全面领导，以坚定理想信念宗旨为根基，以调动师生员工的积极性、主动性、创造性为着力点，全面推进教育现代化，建设教育强国，办好人民满意的教育。二级学院党组织在思想上主动紧抓“三全育人”工作，形成思想上自觉、行动上用心、考核上挂钩的良好态势的同时，在行动上狠抓工作的落实，从日常活动、基本阵地、具体保障等方面实现标准化。此外，要在方法上不断创新，增强工作中的科学性、预见性、主动性，形成系列可复制、可推广的典型经验和做法。二是切实以教师的育人意识作为关键着力点。增强教师的育人意识，可以具体细化为每位教师、每个环节都

能够发挥积极作用，都坚持把“坚持社会主义办学方向”作为新时代坚持和发展中国特色社会主义教育的根本原则，坚持把“三全育人”作为工作主线，时刻提升工作意识。二级学院党员教师应发挥关键性作用，带动专业教师提升育德能力；夯实课程思政的关键作用发挥，着力推进精准思政，创新方式方法；加大第二、第三课堂与第一课堂的黏合度，积极探索学院实验室、科研基地、智库等创新平台向本科人才培养开放的长效机制，加强学生科技创新团队建设，完善创新团队人才培养体系和团队持续建设机制，注重学术品牌活动的实效性，加大教师指导力度，持续优化院系学术精品活动。

3. 强化目标导向，构建治理结构优化的管理路径

一是成立二级学院党政领导干部挂帅的领导小组统筹推进“三全育人”工作。“三全育人”工作的整体规划和安排，要一体推进、一体部署，从人员到资源为其保驾护航，尤其针对存在的薄弱环节，要制定相应的对策和措施。同时，建立以专业课、实践课为单位的包含任课教师、辅导员、行政人员在内的工作小组，制订微格化、精细化育人指标建设方案，不断提升学生的思想政治工作水平。二是建立职能运行完善和作用基点规范的“三全育人”机制。二级学院党组织要加强自身建设，落实落细主体责任。从政治领导、组织领导、思想领导方面，不断提升二级学院思政治理环境。从多元民主、协同创新、治理网格形成方面，不断优化二级学院思政治理结构。从规范标准、科学法治、问题导向方面，不断完善院系思政治理制度。院系党组织要结合实际，在育人共同体方面，加强“三全育人”四库联通机制，即建强班主任、导师库，在本科生每班配备第一班主任的基础上，配备学业导师，做足增量；丰富项目库，结合年级特点，开展学生从入校到离校全过程的系列项目；深挖企业

资源库，深度开展与行业、企业共建“人才定制项目”，从人才培养、课程体系、师资队伍等方面共同探索育人成效；创建校友思想库，开展校友党课、优秀校友面对面等活动。

（三）打造党建标杆院系，激发基层党组织育人活力

按照习近平总书记提出的把红色资源利用好、把红色传统发扬好、把红色基因传承好的指示精神，百色学院美术与设计学院把百色起义红色文化资源优势转化为高校党建工作创新优势，结合时代要求和专业特点，实施“136”工程，于2021年被列为广西高校首批院系党建品牌。“1”即一个目标，“3”即三个引领，“6”即六个“党建+红色+”工程。

一个主要目标：通过实施“党建+红色+”工程，推进党建与业务深度融合，大力提升人才培养质量，促进学生全面发展。

三个引领：一是思想引领。立德树人首先要把学生培养具有远大理想、坚定信念和社会主义核心价值观的青年一代。百色起义红色文化资源蕴含着丰富的德育资源，如韦拔群“快乐事业，莫如革命”的誓言等。党总支通过开展红色宣讲团进入教室等系列活动，引领广大师生爱党、爱国、爱人民，立志服务党、服务国、服务人民，增强“四个意识”、坚定“四个自信”、做到“两个维护”。二是业务引领。学院各级党组织负责人和广大党员干部教师努力提高自身教学、科研、管理等水平，发挥先锋模范作用；同时，积极深入广大师生中开展教学科研帮扶活动，如实施导师制，安排具有较高业务水平的党员领导教师指导和带领青年教师，大力提升青年教师的业务水平。三是服务引领。学院党总支强化以师生为中心的理念，全心全意搞好服务育人和服务社会工作，如设立“文秀先锋

岗”，全体党员都有具体的岗位职责，引导师生立足岗位做贡献，上下一心形成合力，共促学院发展。

实施六个“党建+红色+”工程：

1. “党建+红色+思政铸魂”工程

学院党总支坚持把立德树人作为“三全育人”工作的出发点和落脚点，把抓好思想政治工作作为学院党组织首要任务，以“三会一课”“固定党日+”为平台，以“9个1”特色活动为抓手，即每年开展一次红色读书分享会活动、一次红色主题设计绘画活动、一次红色采风展示活动、撰写一篇红色网文、观看一场红色电影、党员主讲一次红色故事、支部开展一次红色党日活动、一次红色理论学习评比、一次红色交流活动，有效发挥党组织的政治引领作用，思政铸魂工程成效凸显。

2. “党建+红色+教学”工程

坚持把党建工作与教育教学中心工作相融合，注重开设具有地方特色的红色课程，发掘红色资源中的德育因素，要求教师在教学过程中融入红色文化，有的党员教师开设了“百色起义红色作品赏析”“百色起义红色宣传研究”等校本课程，推进以红育人，让学生接受爱国主义、革命传统教育和集体主义教育，激发了学生的学习积极性。历年来，学生在参加全国大学生广告大赛、全国广告艺术节学院奖、全国大学生艺术展活动、挑战杯和“红铜鼓”中国-东盟艺术教育成果展演等专业比赛中均获得好成绩，学生创作的一批以纪念百色起义为主题的艺术设计作品获得自治区领导、百色市领导的肯定。

3. “党建+红色+科研”工程

注重在教师科研活动中加强党组织的参与和指导，把党小组建在科研团队上，团队成员一同申报项目、一同创作作品、一同研究红色文化，引导广大教师立足红色文化，创造精品力作，打造特色化科研品牌，通过红色研究提升以红教人、以红育人的能力和水平，取得一系列成果。如有党员教师主持申报“百色起义红色文创产品创新研究”科研项目获得广西一流学科马克思主义培育点立项；有教师负责的百色起义 90 周年系列海报设计作品“铸魂”在《传媒》期刊上发表，作品在右江报刊上报道，引起了学界和设计界的关注等。

4. “党建+红色+创业就业”工程

注重紧扣专业特点，围绕专业需求，实施“导师制”，在就业创业思想工作中融入红色教育。一是通过就业动员、就业宣讲等活动，巧妙融入“弘扬传统、团结务实、奉献拼搏、争先创新”百色精神，补足学生精神之钙，增强学生勇于挑战、战胜困难的决心和信心，为将来就业创业打下坚实的思想基础。二是通过组织学生申报创新创业大赛项目来提高调查研究、创作作品的能力。比如，学生申报的“红色文化创作工作室”获得互联网+创新创业大赛的国家级立项。三是引导学生成立的“红色文化视觉形象设计工作室”入驻学校创新创业孵化基地，在实践中不断提高专业技能。

5. “党建+红色+学生管理”工程

以铸魂为主体，形成“1234”工作模式，即 1 个党建平台（学院党总支平台）、2 个支部（学生第一党支部、学生第二党支部）、3 个带动机制、4 个培养教育方式。其中，3 个带动机制即党建带团建、党风带学风、党员带团员。4 个培养教育方式，即一是制定“文秀先锋岗”考核办法，围绕理论学习、干事创业、志愿服务、清正廉洁等方面进行考核，加强对党员的日常管理；二是建立学院党总支书记—副书记—党支部书记—辅导员、班主任四级联动工作方式；三是全面推进百色精神铸红魂“三全育人”体系建设质量，对教师的思想政治、专业水平、业务能力乃至身心健康进行培养和管理；四是完善“第二课堂”思想教育措施，打造“红色+艺术”育人特色。每年都利用重要节日和时间节点组织开展红色系列活动，如开展红色宿舍文化艺术节、红色讲坛、红色故事讲述比赛、演讲比赛、朗诵比赛、征文比赛、海报设计比赛、板报比赛、动画比赛等活动。通过这些特色活动，强化正面价值引导，进一步厚植学生爱党爱国爱民情怀、强化正面价值引导，促进学生专业能力的提高。

6.“党建+红色+社会服务”工程

通过校企合作、校馆合作、校政合作等方式，组织师生利用自己的专业特长为社会做出应有贡献，并在服务实践中提升思想、扩大视野、增长才干。比如，组织师生与百色起义纪念园管理委员会进行合作，共同研究如何深度开发百色起义红色文创产品；与百色文化旅游投资发展公司进行合作，展销我院师生创作的红色文化艺术作品，力争获得一定的经济效益；受百色市教育局委托，派出专业教师到百色市多个县市区对中小学美术教师进行业务培训，提高他们的专业技能。

二、发挥教师党支部育人的战斗堡垒作用

高校教师党支部是把党的路线方针政策落实到高校基层的战斗堡垒，充分发挥教师党支部的战斗堡垒作用和党员教师的先锋模范作用，把大学生培养成为社会主义事业的合格建设者和可靠接班人，是高校教师党支部的重要政治责任。

（一）加强教师党支部建设，筑牢育人战斗堡垒

充分发挥教师党支部育人的战斗堡垒作用，必须加强教师党支部建设，切实让教师党支部做到基本条件保障到位、基本工作运行到位、基本制度执行到位、基本作用发挥到位。

1. 科学设置教师党支部

按照有利于发挥党支部战斗堡垒作用和党员先锋模范作用，有利于开展党员教育、管理、监督和服务，有利于密切联系师生，有利于促进业务工作的原则，按院（系）内设的教学、科研机构设置教师党支部。积极适应学校组织结构、管理模式、学科设置、办学形式的新变化，不断优化教师党支部设置，根据实际需要，探索依托重大项目组、学科组、课题组、创新团队、科研平台、中外合作办学项目和机构等设置教师党支部。凡有正式党员教师 3 人以上的单位，均建立教师党支部；正式党员不足 3 人的，与业务相近的教学科研单位联合成立党支部，也可成立师生联合党支部；对于出国出境或参加校外教学科研、实习指导、学术交流活动连续 6 个月以上的党员教师，及时纳入党组织管理，条件具备的要建立临时党支部（党小组）。合理控制教师党支部党员人数规模，一般在 50 人以内；党员人数不足 7 人的，可不设支部委员会，只设书记 1 人，必要时增设副书记 1 名；党员人数超过 7 名、不足 30 人的党支部委员会，委员名额一般为 3~5 人，最多不超过 7 人，一般应设书记、组织委员、宣传委员、纪检委员、统战委员，必要时可设副书记，根据工作需要还可以设工、青、妇委员，文体委员，保密委员。党的支部委员会和不设支部委员会的支部书记、副书记每届任期 3 年。

2. 加强支部班子队伍建设

大力推进教师党支部书记"党建带头人、学术带头人"培育工程，按照思想政治素质好、党务工作能力强、学术科研能力强的"一好双强"的标准选任教师党支部书记。"双带头人"支部书记原则上应具有副高级以上专业技术职务（职称）或者博士研究生学历学位。每年组织安排1次教师党支部书记校级集中轮训，院（系）级党组织结合科研合作、部门挂职等工作，积极为党支部书记搭建实践锻炼的平台；教师党支部书记培养培训，坚持把坚定理想信念作为首要任务，把增强党务工作能力作为培训重点，把强化党性锻炼作为重要方式，使党支部书记牢固树立"四个意识"，做到"四知"（熟知党的基本知识、熟知党的组织管理、熟知党员队伍建设、熟知党务工作创新），当好党支部全体党员的"主心骨"和群众的"领头雁"。

注重配备熟悉和热爱党务工作的青年党员学术骨干担任副书记或委员，并作为支部书记后备人选进行培养锻炼；加强对支委班子成员的教育培养，强化支委意识，提升履职尽责的能力；对不称职的党支部书记及时进行调整，委员出现空缺及时补选。党支部按期换届，对任期将满的党支部，上级党组织一般提前6个月以书面发函通知等形式提醒做好换届准备工作，党支部一般提前4个月向上级党组织书面报送换届请示。按照知识、年龄、专业结构互补原则合理选配支委会成员，班子成员分工明确，整体功能发挥正常。学校党委每年对教师党支部情况进行摸底排查，对软弱涣散、支委不强、长期不过组织生活、不发挥作用的，限期整顿。

3. 加强党员教育管理

学校党委按照控制总量、优化结构、提高质量、发挥作用的总要求，统筹协调好组织发展工作，单列党员教师发展计划，规划好优秀青年教师的发展工作，院（系）级党组织细化年度党员教师发展工作安排，指导教师党支部切实做好在青年教师中发展党员工作；建立健全沟通联系、及时发现机制，针对青年教师队伍来源构成、发展变化的新特点，特别是高学历高层次人才引进力度加大、海外归国人员比例提升等新情况，各基层党组织认真梳理、摸清青年教师思想政治状况，使党的工作覆盖到每一位青年教师，主动帮助引导青年学术骨干、学科带头人、拔尖领军人才和海外留学归国教师向党组织靠拢，条件成熟的及时确定为党组织发展对象；创新优化教育培养方式，遵循高知识群体和青年教师思想成长发展规律，有针对性地制定培养教育措施，探索建立把骨干教师培养成党员，把党员教师培养成教学、科研、管理骨干的“双培养”机制；围绕党的建设伟大历史、中国特色社会主义伟大实践、改革开放的伟大成就，系统组织好青年教师党章党规党纪、世情党情国情教育，强化他们对中国特色社会主义的思想认同、理论认同、情感认同；落实落细入党积极分子联系考察办法。学校党委书记、党员校长带头联系1~2名优秀青年教师入党积极分子，院（系）级党组织书记、教师党支部书记常态化联系青年教师入党积极分子，定期与他们谈心谈话、沟通交流。始终把政治标准放在首位，把一贯表现和对重大问题的态度作为重要考察内容，在严格标准、程序的同时，优化、改进考察办法，及时把符合党员条件的优秀青年教师吸收入党。

规范开展党员教师党内学习教育制度，加强党员教师党性修养。按年度做出学习安排，党员每年参加党组织安排的集中学习培训时间一般不少于32个学时，党支部书记和党务工作者每年集中学习一般不少于56学时，其中，参加“三会一课”、经组织认定的网络学习时间计入学时，新任党支部书记必须进行上岗培训；党员教师根据自身实际制订个人自学计划，大力倡导网络选学、互鉴互学、实践研学等学习方式；不断健全教师政治理论学习制度，重点组织开展习近平新时代中国特色社会主义思想学习教育，通过体系式学习、融合式讨论、案例式教学、项目式研究、针对性解读，扎实推动习近平新时代中国特色社会主义思想进教材、进课堂、进头脑。系统开展马克思列宁主义、毛泽东思想教育和中国特色社会主义理论体系的教育，党的基本路线、基本纲领和基本知识教育；大力推进中青年教师社会实践和校外挂职锻炼，努力提升教师思想政治素质和实践能力。把推动讲政治要求贯穿教育教学和科研活动全过程作为党支部工作重要着力点；明确党支部在教育教学、科研管理等重大事项中加强政治把关作用的具体办法，团结凝聚教师把思想引领和价值观塑造融入教育教学，教育引导教师在课堂教学、论坛讲座等活动中坚持正确的政治方向、政治立场、政治原则；大力推进师德师风建设，关心了解教师的思想政治状况，及时回应教师重大关切，防止各类错误思想文化侵蚀，建立健全预警机制，积极做好教育引导工作。

把解决实际问题、增强教师归属感获得感作为党支部工作的重要落脚点。坚持贴近教师思想、工作、生活实际，建立务实管用、灵活多样的服务载体，把党支部建成党员之家、教师之家，形成教师有困难找支部、有问题找党员的常态化帮扶机制；依托党支部搭建校院领导与教师定期交流联系平台，从职业规划、激励评价、人文关怀等方面促进教师成长发展；通过支部委员谈心、支部活动等方式积极做好教师心理疏导，不断提升教师心理健康素质，引导教师保持理性平和的健康心态，安心、热心、舒心、静心从教。

严格执行党员组织关系管理制度。党员组织关系日常管理、在外学习工作党员教师及出国（境）党员等管理到位；加强对出国（境）党员的行前教育，要求流动党员定期汇报思想和学习、工作状况，确保流动党员“有联系，受教育，能管理”；不合格党员及时稳妥处置。

4. 规范党内组织生活

党支部每季度至少召开1次支部党员大会（不设党小组的党支部一般应每月召开1次党员大会），一般应每月召开1次支部委员会会议和党小组会，每季度至少安排1次党课，党支部书记每年至少讲1次党课。“三会一课”要以“两学一做”为主要内容，突出政治学习和教育，突出党性锻炼，做到形式多样、氛围庄重。全面推行“一日一事”制度，即“支部活动日、党员示范事”制度。“支部活动日”由各党支部根据各自实际情况以每月的某一个星期二作为本支部党员固定活动日，开展“三会一课”、缴纳党费两项“规定动作”，同时，可结合实际灵活开展组织生活会、民主评议党员、民主议事、党务公开、谈心谈话、实践锻炼、服务师生群众、走访调研、重温入党誓词等“自选动作”，不断增强党的组织生活活力；“支部活动日”以党支部为活动组织单位，要求支部内所属正式党员、预备党员参加，根据活动内容吸收入党积极分子参加。“党员示范事”由党员围绕“四个合格”要求，每月制订“学、做、改”三方面各做一件实事的计划，并严格予以实施。每年“七一”前后，组织开展1次主题党日教育活动。各党支部每月向上一级党组织上报“支部活动日”计划小结，党员个人每月向所在党支部上报“党员示范事”计划小结。进一步规范“三会一课”及其他党员活动记录，如实记录“三会一课”开展情况，严格考勤和缺勤补学等制度。

每半年召开1次党支部组织生活会。党员领导干部自觉以普通党员身份参加本支部组织生活会，带头开展批评与自我批评。坚持谈心谈话制度。采取个别谈话、集体座谈、随机交流等多种形式开展谈心谈话，每年至少安排2次；谈心谈话做到支部委员之间必谈、支部委员与每位党员必谈、支部委员与党外教师必谈；谈心谈话要坦诚相见，既要相互交流思想、沟通工作生活情况，又要相互听取意见、指出对方存在的问题和不足。坚持民主评议党员制度。每年开展1次，按照规定的方法步骤，对支部党员进行民主评议；党员民主评议结果一般分为优秀、合格、基本合格、不合格四个等次。根据民主评议结果，对党性不强的党员教师，进行严肃批评教育，限期改正；经教育仍无转变的，应按规定程序劝其退党或除名。原则上每年开展1次党员党性分析，督促党员教师对照党员标准、对照入党誓词、联系个人实际，从理想信念、宗旨意识、工作业绩、作风建设、组织纪律五个方面进行党性分析。

5. 充分发挥党支部主体作用

发挥好政治引领方面的主体作用。坚持把坚定正确的政治方向放在党支部建设的首位，坚持用党章党规规范党组织和党员行为，用习近平新时代中国特色社会主义思想武装头脑、指导实践、推动工作，宣传执行党的路线方针政策和上级党组织的决议，不断增强党员教师的政治意识、大局意识、核心意识、看齐意识，使党员教师在思想上政治上行动上同以习近平同志为核心的党中央保持高度一致，坚定不移维护党中央权威和党中央的集中统一领导。

发挥好规范党的组织生活方面的主体作用。坚持以党支部为基本单位，以“三会一课”为基本制度，以“两学一做”为基本内容，推动组织生活经常、认真、严肃，不断增强党内政治生活的政治性、时代性、原则性、战斗性。及时做好发展党员、党员党籍和组织关系管理、党费收缴、党员激励关爱帮扶和党纪处分、组织处置等基础性工作，把纪律和规矩挺在前面，加强对党员教师教育、管理、监督和服务，引导党员教师追求道德高线、严守纪律底线，促进形成党员教师模范遵守师德规范、践行学术道德的良好风尚。

发挥好团结凝聚师生方面的主体作用。坚持把思想政治工作与党的建设相结合，把立德树人、规范管理的严格要求和春风化雨、润物无声的灵活方式相结合，把解决师生的思想问题和解决教学科研、学习就业等实际问题相结合，自觉践行党的根本宗旨和群众路线，尊重党员主体地位，健全党内外激励关怀帮扶机制，不断增强发动群众、组织群众、宣传群众的看家本领，统一思想、凝聚人心、化解矛盾、增进感情，使党支部真正成为团结凝聚师生群众的坚强阵地和政治核心。

发挥好促进学校中心工作方面的主体作用。坚持围绕中心抓党建、抓好党建促发展，围绕服务学校改革发展稳定，全面贯彻落实学校党委决策部署和学校中心工作任务，重大决策党内先讨论、重大政策党员先知情，教育引导党员教师在日常教学科研生活中亮出党员身份、立起先进标尺、树立先锋形象，带头攻坚克难，成为学高为师、身正为范的践行者，引领带动师生积极投身学校改革，提高人才培养质量，促进学校和谐稳定。

6. 健全完善工作运行机制

完善民主运行机制。坚持民主集中制原则，支部重大问题由支委会或党员大会集体讨论决定；党务公开制度健全规范，党员参与党内事务渠道畅通。坚持参与决策机制。教师党支部书记参与本单位工作规划、干部人事、年度考核、提职晋级、评奖评优等重要事项讨论决策。完善责任落实机制。党支部工作有计划、有目标、有记录、有总结、有检查、有考核；“三会一课”、组织生活会、民主评议党员、党员党性定期分析、谈心谈话、党员活动日等党的组织生活各项制度健全，操作规程完善；党支部一般每半年向上级党组织报告一次支部工作，每年向支部党员大会报告年度工作；建立教师党支部书记工作考核机制，推行教师党支部书记向上级党组织述职制度。完善联系服务机制。主题实践、服务承诺、结对帮扶、走访慰问等活动广泛开展，支部班子成员定期深入师生员工走访调研。

7. 落实基本工作保障

加强组织领导。学校党委对教师党支部建设工作负主体责任，党委书记是第一责任人，分管教师思想政治工作的党委副书记是直接责任人，校长和学校领导班子其他成员“党政同责”，形成学校党委统一领导，组织部门牵头抓总，教师工作、宣传、党校、人事、教务、科研等部门协同配合，二级学院党组织负责实施、教师党支部具体落实的工作格局；学校党委把教师党支部建设工作纳入党建工作规划、年度工作要点，认真贯彻落实相关政策和工作要求，研究提出教师党支部发挥政治把关作用、参与重要事项决策等制度安排的实施办法，研究落实党务干部岗位津贴、工作量核算、职务职级“双线”晋升等重要政策的实施措施，推动建立校、院两级党委委员联系教师党支部制度，明确核定党支部工作和活动经费标准、列入年度党建经费预算，加强党建信息化网络化平台等条件建设，鼓励支持开展教师党支部建设理论研究和实践探索。二级学院级党组织要认真落实基层党建工作责任制，加强对所属教师党支部的工作领导，每学期至少听取 1 次教师党支部建设工作情况汇报；强化对教师党支部开展组织生活和各项活动的指导，明确计划安排，搭建工作平台，创新活动载体，提供保障条件；教师党支部建设情况纳入二级学院党组织书记抓党的建设和思想政治工作述职评议考核，学校党委定期抽查并通报工作开展情况。落实工作激励政策。教师党支部书记享受职务职级“双线”晋升政策，其党务工作计入工作量，享受相应的津贴补贴待遇；定期开展优秀教师党支部和优秀教师党支部书记的评选表彰工作；学校选拔中层党政干部，要把担任教师党支部书记经历作为选拔任用的重要条件。活动经费保障。按照党员人均每年不低于150元的标准核定党支部工作活动经费，列入学校经费预算，为党支部开展组织生活提供经费保障。严格学校财务管理有关制度，经费管理使用规范。研究落实将支部党建工作纳入校、院整体工作计算工作量的实施措施。规范活动场所。学校机关党委、二级学院党委（党总支）建设有开放式的党员活动室，供各教师党支部使用，并设置相应的支部生活园地。有条件的二级学院建设固定的党员活动室。党员活动室按“六有”（有标志、有党旗、有制度、有书报、有设施、有台账）标准建设。党员活动室外设立庄重、醒目的“党员活动室”等统一的标识牌；活动室内悬挂党旗；张贴或悬挂入党誓词、党员的权利和义务、“三会一课”制度、发展党员制度（流程图）、组织生活会制度、民主评议党员制度以及党支部组织机构、党支部、支委会成员的职责和任务等党建工作制度材料；因地制宜设置宣传栏，配备资料、橱（或书柜）和报刊架，购置并定期更新报刊、党建杂志和相关书籍；配备必要的办公设施和电教设备；各类基础台账内容齐全，分类摆放，一年一装订。

（二）打造样板支部，发挥教师党支部育人示范作用

百色学院马克思主义教师党支部扎实落实立德树人根本任务，把思想政治工作贯穿教育教学全过程，实现全程育人、全方位育人，突出社会主义核心价值观引领，促进教师以教学为中心、以育人为核心，全面落实“立德树人”任务。

1. 推动基层党组织标准化建设，促进支部工作提质增效

教师党支部在学校党委、学院党委的领导下，积极发挥主观能动性，深入学习贯彻习近平新时代中国特色社会主义思想和党的二十大精神，全面贯彻党的教育方针，按照新时代党的建设总要求和新时代党的组织路线，完善支部建设标准，强化教育培养，健全完善支部工作机制，引领带动学校党建和思想政治工作质量提升，建设科研型、服务型五星级支部，着力把支部建设成为促进新时代高校事业发展的坚强战斗堡垒，为加快推进教育现代化、办好人民满意的教育提供坚强保障。一是学校党委抓总。学校党委高度重视学校基层党建工作，建立健全体制机制，而且出台的政策及时有效、措施得力。每年学校党委都把教师党支部建设和党支部书记培育工作纳入学校党建工作规划和年度工作要点，明确工作计划和年度安排，定期研究部署、推进落实。同时，狠抓党的制度建设和支部书记培训工作。学校党委组织部每年都开设1~2期党支部书记培育班，并以之为常规的党建活动，形成党委组织部牵头、二级学院党组织具体负责的基层党支部书记培育工作机制。另外，实行校院两级党委委员联系教师党支部制度和年度党建述职考评制度，每年都把党支部书记培育工作纳入院级党组织书记抓党建述职评议考核工作，并把基层党支部书记基层党建述职作为每年必不可少的考核内容。

二是学院党委具体负责。学院党委积极指导基层党支部工作，每学年初制订《党支部日常工作计划》《党支部加强意识形态工作计划》《党支部理论学习计划》等完善的工作学习计划以及相应的具体举措和责任清单，期中开展检查和小结，期末开展集体评议。学院党委每学期都开展1~2次专门的教师党支部建设工作研讨会或调研会，做到发现问题及时解决。同时，严格按照教师党支部书记“双带头”人的要求选配支部书记。学院配备专职组织员，负责检查指导党支部的组织建设和坚持党的组织生活制度情况及实际效果，保证党员发展质量及“三会一课”、组织生活会、谈心谈话、民主评议党员等党建工作走向制度化、规范化和常态化发展。三是强化党支部政治功能，确保“七个有力”建设到位。坚持把党的政治建设摆在首位，认真落实“三会一课”制度要求，深入推进“两学一做”学习教育常态化制度化，开展党的创新理论学习，积极探索、总结凝练加强支部政治建设，围绕党支部“七个有力”建设标准，在教育、管理、监督党员中强化支部规范化建设，积极发挥战斗堡垒作用，通过组织、宣传、凝聚、服务师生不断推进支部工作提质增效。支部每月组织开展主题党日活动，学习贯彻上级党委的必选学习项目，着力加强政治建设，将支部作为贯彻落实党的路线方针政策和决策部署的基础阵地；支部积极发挥专业优势，开创“党建+”工作模式，构建“百色精神铸魂育人”协同机制，凝聚育人合力，做实做深“师生共建、支部联动、党群互动”，围绕立德树人根本任务，引导党员教师加强课程思政建设，与相关对口专业企业联建共建支部，注重资源整合，开展“高校+企业党建联建共建”特色工作，充分发挥企业对学校人才培养互动作用。

2. 推动学科与智库建设，落实“135”工作法

百色学院马克思主义学院教工党支部充分结合学科专业特点和团队研究方向，依托科研平台，推动党建工作与科研工作深度融合。支部紧紧抓住“如何推动智库建设向更高水平迈进”这一关键任务，不断优化课程方案，夯实科研平台，确保有效发挥每一个党员的研究专长，确保每位党员撰写一篇高质量的调查研究报告，推动广西百色重点开发开放试验区高质量发展。落实“135”工作法：“1”就是坚定一个目标，打造思想政治与学术水平“双一流”的科研团队——承担大项目，建立大平台，培养大人才，产出大成果。“3”就是三项保障：思想保障，制度保障，组织保障。“5”就是坚持五项精神：披肝沥胆的忠诚精神、夜以继日的勤奋精神、奋勇争先的创新精神、众志成城的合作精神、公诸同好的分享精神，确保支部平均每一位党员每年发表 1 篇学术论文，推动党建工作与教学科研工作相互融合、相互促进，及时把政治素质好的骨干教师培养发展为党员，做好组织师生、宣传师生、凝聚师生、服务师生工作，推动产学研发展。

3. 推动人才培养，提升党建育人效能

百色学院马克思主义学院教师党支部作为广西高校首批“样板支部”，始终坚持凝聚师生、服务师生的原则，主动与辅导员团队对接，充分发挥“三全育人”协同功能。支部发动全体党员教师担任本科生班主任，负责指导学生专业学习的同时，加强对学生的思想政治工作。支部强调日常价值塑造高于简单课程传授，在课堂之外，支部成员通过交流谈心、专题讨论、游学访问等多种形式，运用网络平台、学生刊物等媒介，针对学生价值观、政治观、事业观等塑造，面对学生学业、心理、就业等方面的困惑开展指导，形成了

"与支部书记餐叙""专业游学"等工作品牌；积极开展学生能力建设，指导学生学术团体"青年马克思主义学会"有效开展工作，促进了师生间和各年级学生间的沟通交流和良性互动，有效发挥党建育人的正向功能。

三、发挥党员教师育人的先锋模范作用

学高为师，身正为范。这是全社会对教师这一行业的总要求。教师是学生成长的引路人，长期战斗在教育教学第一线党员教师，尤其是学校工作的一杆标尺、一面镜子。他们倡导什么、追求什么，他们的思想状况、他们的一言一行都具有风向标的作用，能否发挥他们的先锋模范作用，对周围的教职工具有极大的引导作用。

（一）提升党员教师育人能力素质

高校实现培养人才的目标，必须充分发挥教师的积极作用，尤其是党员教师作用，通过他们的模范带头，带动全体教师树立良好的教风学风，进而更好地培育人才。百色学院通过强化党员意识培养、创新党员学习模式、搭建促进党员先锋模范作用发挥平台等方式，持续加强党员教师教育培养和实践锻炼，不断提升党员教师的育人能力素质，推动党员教师充分发挥先锋模范作用。

1. 强化党员教师先锋模范作用的意识培养

党员教师作为教师队伍中的模范带头人，一言一行都在潜移默化地教育影响着师生，因此，党员教师必须具有强烈的党员意识，保持先进的党员形象，在工作、学习、生活等方面做师生的表率，真正发挥先锋模范作用。如何加强党员意识的培养？一方面，党员教师自身要加强自我教育，不断地进行自我反省、自我反思、自我

修正，真正将党员先锋模范意识内化于心，外化于行，切实做到带头学习实践、带头改革创新、带头为人师表，做一名“平常时候看得出来、关键时刻站得出来、危急关头豁得出来”的共产党员。另一方面，教师党支部要定期进行党员的教育和培训。通过支部理论学习，用习近平新时代中国特色社会主义理论武装党员教师头脑，保持党员教师政治上的清醒和立场上的坚定；通过师德师风教育，让党员教师从思想上保持对教育事业的执着和热爱，激励党员教师用师爱与学生间建立崇高无私的情感，把学生素质的提高作为毕生奋斗目标，用自己的人格力量和情感力量去教育和影响广大师生，成为爱岗敬业、无私奉献的一面旗帜。

2. 创新激励党员教师学习模式

树立终身学习的观念，是对新时代高校教师的要求，新时代高校教师要做到“活到老，学到老”。新形势下高校党员教师的学习，要坚持增强思想政治素质和提高自身业务水平相结合，做到两方面共同提高，只有这样，才能解决党员教师在思想状况和实际工作中碰到的一些新情况新问题。要提高党员教师的学习实效，教师党支部要不断拓宽党员教师的教育渠道，灵活运用多种方式进行支部学习，增强党员学习的积极性和自觉性。例如，通过座谈交流、演讲比赛、视频教学、讲党课、专家讲课、专题讨论、党建课题申报、缅怀革命先烈、参观党员教育基地等形式，组织开展主题党日活动和主题宣传教育活动，学习党的先进典型和榜样力量。同时，充分利用各种网络媒体开展支部学习，如开展党员网络在线学习，运用手机端党建平台视频学习，手机端在线党建知识竞答，通过微信公众号、微信小程序、微信群讨论学习等方式组织党员学习，拓宽学习的渠道，增强学习的效果。

3. 搭建党员教师发挥先锋模范作用的平台

应该说，不同领域和不同环境，党员发挥模范作用的形式也各有不同。基层党支部要根据具体实际情况和具体条件搭建党员发挥模范作用的各类平台，让党员在平台上树立典型进行引领。百色学院在这一方面做了积极有效的探讨，积累了一定的经验。例如，党支部协助搭建教师教学科研平台，党员教师按照新时代“四有”好教师和“四个引路人”的标准，不断提高自身业务水平和科研创新能力，时刻把握自身专业前沿的最新成果和发展趋势，充分发挥党员模范带头作用；搭建“共产党员进社区”平台，组织党员教师深入社区，党员教师结合社区服务对象的需求和自身专长，积极参与社区的各项活动，充分发挥党员的先锋模范作用；建立“一帮一”机制，组织教学水平高、科研能力强的骨干党员教师，帮扶1~2个新入职的青年教师，快速提升青年教师的教学科研能力，在帮扶中充分发挥党员的先锋模范作用；通过教师党支部结对帮扶学生党支部办法，提升学生党支部党建水平，发挥党员教师在学生党建工作中的先锋模范作用；在脱贫攻坚中开展“一对一”结对帮扶活动，要求党员教师帮扶一个贫困户，并深入贫困户宣传党的政策，为贫困户策划摆脱贫困的办法，让党员教师在脱贫攻坚战中发挥党员的先锋模范作用等。

（二）探索党员教师引领大学生成长成才机制

党员教师是高校教书育人的重要力量，尤其在学生成长成才方面发挥了不可估量的作用。党员教师应以高度认真负责的态度，率先垂范、言传身教，以坚定的理想信念、规范的日常行为、出色的专业能力和良好的教学风气启迪大学生，引导大学生成长成才。

1. 强化党员教师对大学生理想信念的引领

一是抓紧德育工作。德育是根本，只有筑牢这个根本，才能把学生培养成为栋梁之材。大学生正处于青年时期，世界观、人生观、价值观正处于形成期与发展期，接受什么样的德育教育至关重要。正确的道德教育观会促使大学生养成良好的道德习惯，具备良好的道德修养，为成长成才奠定良好基础。错误的道德教育观会促使大学生养成不良的道德习惯，形成错误的认识，阻挠人生正确发展，甚至走上错误的人生道路。高校党员教师要主动融入大学生养成教育、感恩教育、励志教育、诚信教育等德育活动，并在其中以身作则、示范引领，增强思想教育工作的吸引力和说服力，达到教育人、引导人、鼓舞人的目的。二是抓好主题教育和典型教育。高校党员教师要通过新生入学教育、形势政策教育、主题党日活动、团日活动、毕业就业教育、离校教育等主题教育平台，加强对大学生爱国、爱党、爱校、爱社会主义的教育，增强大学生的历史责任感、使命感，帮助学生树立正确的人生观和事业观。“榜样的力量是无穷的”，先进典型是一面旗帜，高校党员教师要大力宣传典型人物的先进事迹，用先进典型教育大学生、引领大学生，充分发挥先进典型的示范带动作用，激励学生向先进学习、向典型靠拢。三是引领志愿服务工作。志愿服务是培育和践行社会主义核心价值观的有效载体，是培养大学生理想信念的一个有力支点，是大学生实现人生价值的重要途径。党员教师要积极引领大学生利用寒暑假以及其他课余时间投入志愿服务工作，在青年学生中倡导爱和奉献，在志愿服务中奉献光和热，在志愿服务中树立正确的“三观”，实现自我价值。四是创新教育载体。面对新形势，党员教师要不断创新思想政治工作的载体，充分挖掘新媒体手段，加强网络建设，依托网络，利用

QQ、网站、博客、微博、微信等新媒体手段开展学生教育，使思想教育以大学生喜闻乐见的方式更贴近学生，为学生所接受，从而收到实效。利用新媒体创建网络学习平台，使党员教师的教育引导融入大学生的日常学习中、融入大学生的理想信念深处。

2. 推动党员教师融入大学生的日常行为修炼

一是坚持教书与育人的有机融合。教书与育人是孪生兄弟，两者相辅相成，密不可分。德国教育家赫尔巴特指出："教学如果没有进行道德教育，只是一种没有目的的手段；道德教育如果没有教学，就是一种失去了手段的目的。"党员教师要打破专业教育和思想教育相互分离的错误观念，坚持教书与育人的有机融合，不仅在学业上指导学生，更需要经常深入学生课堂、深入学生实验室、深入学生寝室等，指导大学生日常行为规范，当好大学生的行为导师，纠正个别大学生不良的思想行为和习惯。只有这样，才有利于提高大学生培养质量，促进学生的全面发展。二是主动参与学生日常活动。大学生的兴趣爱好、特长优点以及集体主义精神、团结协作精神、吃困耐劳精神、乐于奉献等经常在集体活动以及各类校园文化活动中得到培养。学生的集体活动以及各类校园文化活动是大学生日常课余生活的浓缩，也是大学生锻炼提升和展现才华的平台和载体。党员教师要积极参与大学生的各类社会实践和志愿服务工作，主动指导各类活动的开展，在活动中展现"一个党员，一面旗帜"的表率作用，引领学生积极向上的精神风貌。三是积极参加重点结对帮扶。制订教师党支部与学生党支部、学生班级联系帮扶制度，推动党员教师在学生支部、学生班级中发挥先锋模范作用；开展党员教师与家庭经济困难学生、学业困难学生、就业困难学生、心理问题学生等结对帮扶活动，落实帮扶具体内容、具体办法和具体措施，切实帮助学生克服学习、生活、就业、心理等方面的困难，助推学生素质全面发展，为培养德才兼备、又红又专的具有百色精神的高水平应用型人才做出应有的贡献。

3. 督促党员教师高度重视大学生专业能力的培养

一是高质量完成教学第一课堂。课堂教学是教师和学生的第一阵地，是师生互动的主平台，党员教师必须充分利用教学主阵地，上好教学第一课堂。精心备课是完成高质量课堂的前提，教师党员必须充分做好课前功夫，熟练掌握教情和学情，突出重点，做到有针对性的施教；要深入研究教学方法，充分调动学生课堂学习的积极性、主动性，激发学生学习兴趣；要重视学法指导，教会学生会学，鼓励学生敢于提问题，引导学生产生疑问，培养学生勤于思考的习惯。通过教师用心教、学生用心学，实现教学不分家，高质量上好教学第一课堂，让学生充分汲取知识的养分，提升专业能力。二是深入拓展第二课堂。第二课堂是课堂教学的延伸和辅助，可以使学生将第一课堂中学到的知识加以应用，从而加深对专业知识的理解和掌握。党员教师要让第二课堂活动成为大学生课余生活的主体，积极组织大学生开展对专业学习中碰到的问题和现实生活中发生与专业学习有关问题进行讨论研究，加深对专业知识的理解；要积极带领大学生参加各级各类学科竞赛，主动承担学科竞赛指导教师的职责，开放科研室、实验室的大门，带领学生开展科创研究，撰写科研论文，以教师科研带动学生科研，开创师生“双赢”的新局面；要以严谨的科研作风潜移默化地影响学生，锻炼大学生的专业能力，提升专业素养。三是带头服务地方经济社会发展。党员教师要带头服务地方经济社会的发展，帮助实现地方经济新增长。例如，担任企业科技指导员，将自己的科研成果积极推广、应用于企业生产，提高企业经济效益。同时，党员教师要承担起枢纽作用，架起校企、校地、校校之间的桥梁，为大学生搭建平台，带领学生积极参与服务地方经济社会发展的实践，让学生将学到专业知识在服务实践中得到提升，培养出各行各业需要的高素质专业人才。

第十章　百色学院学生党建育人的实践探索

人才是实现民族振兴、赢得国际竞争主动的战略资源。大学生党员是新时代中国特色社会主义事业的建设者和接班人，是党和国家培养的青年骨干力量。高校肩负着教书育人、传承先进文化、培育和弘扬民族精神、培养中国特色社会主义事业合格建设者和接班人的历史职责。高校党建工作的落脚点，就是为党育好人、为国育好才。推进高校大学生党建育人工作，是高校党建工作的一项重点工程。

一、明确学生党建工作标准

工作标准攸关工作质量，有什么样的工作标准，才能有什么样的工作质量。为推进学校学生党建工作组织化、制度化、具体化，保证大学生党建高质量发展，确保党建育人落地见效，百色学院根据《中国共产党章程》、中共教育部党组《普通高等学校学生党建工作标准》、广西壮族自治区高校工委《关于在全区高校实施党支部“强基固本”工程的意见》及党内有关法规，结合学校实际，制定了学生党建工作标准。

（一）加强组织领导，强化责任落实

1. 健全学生党建工作体系，明晰工作责任

学校建立健全学生党建工作组织领导机制，形成党委统一领导，组织部门牵头抓总，学生工作、宣传、共青团、党校、教务、人事等部门协同配合，二级学院党委（党总支）负责实施、学生党支部具体落实的学生党建工作格局。学校党委对学生党建工作负主体责任，学校党委书记是第一责任人，学校党委分管学生工作的校领导是直接责任人，其他党委班子成员按照“一岗双责”要求，对分管部门和联系二级学院学生党建工作负主要领导责任。二级学院党委（党总支）对二级学院学生党建工作负主体责任，党委（党总支）书记负主要领导责任，副书记负直接领导责任。

2. 完善工作机制，落实工作职责

二级学院党委（党总支）将学生党建工作摆在突出位置，列入重要议事日程，纳入整体发展规划、年度工作计划和党组织书记抓思想政治工作和党的建设述职评议考核的重要内容。学校党委每年至少专题研究 1 次学生党建工作，二级学院党委（党总支）每学期至少研究 1 次学生党建工作，学生党建工作有规划、有部署、有检查、有落实。建立校、院两级领导班子成员、职能部门主要负责人联系指导学生党支部工作制度。切实发挥党支部主体作用。坚持以“两学一做”为基本内容，以“三会一课”为基本制度，以党支部为基本单位，形成学生党建工作常态化长效化机制。

3. 科学设置学生党支部，扩大党的覆盖面

按照有利于发挥党支部战斗堡垒作用和党员先锋模范作用、有利于开展党员教育管理服务活动的原则，在按年级设置学生党支部

的基础上，根据实际需要，探索依托重大项目组、课题组和学生公寓、社区、社团组织等建立党组织，探索学生党建工作向最活跃、最具创新能力的组织拓展，扩大党的覆盖面，做到哪里有学生党员哪里就有学生党组织，哪里有党组织哪里就有健全的组织生活和党组织作用的充分发挥。学生党支部委员会任期根据支部设置方式设定为3年，坚持按期换届。建强学生党支部，充实支部工作力量，创新支部工作方法，保障支部工作条件。整顿软弱涣散学生党支部，每年进行摸底排查，对支委不强、长期不开展组织生活、不发挥作用的，限期整顿转化。

4. 加强党建工作队伍建设，提升党建工作水平

统筹二级学院党委（党总支）书记、副书记、专职组织员、辅导员和班主任、学生党支部书记、共青团干部等队伍建设。按照守信念、重品行、有本领、敢担当、讲奉献的要求，选优配强学生党支部书记和支部委员、专职组织员。从优秀辅导员、专职组织员、骨干教师、优秀大学生党员中选拔学生党支部书记。学生党建工作队伍教育培训纳入学校人才队伍建设总体规划，定期开展专题培训，特别是根据支部换届情况加强党支部书记、支委的党务知识培训。推动学生党建工作队伍专业化、职业化建设，落实职务职级“双线”晋升办法和保障激励机制，实行职务（职称）评审单列计划、单设标准、单独评审。落实专职思想政治工作人员和党务工作人员不低于全校师生人数1%的要求，确保学生党建工作力量配置，每个二级学院至少配备1~2名专职组织员，按师生比不低于1∶200的比例设置专职辅导员岗位。

（二）重视教育培养，确保学生党员队伍的纯洁性先进性

1. 加强入党积极分子的教育培养

入党积极分子确定程序规范，党组织收到入党申请书后，要在一个月内与入党申请人谈话，指派培养联系人了解入党积极分子思想状况。在入党申请人中采取党员推荐、群团组织推优等方式，支部委员会（不设支部委员会的由支部大会）研究决定，并报上级党组织备案的程序确定入党积极分子。入党积极分子参加党校学习、开展集中培训，并定期向党组织进行书面或口头思想汇报。党支部每半年对入党积极分子进行一次考察。二级院系党组织每年对入党积极分子队伍做一次培养状况分析。

2. 加强入党对象的教育培养

严格落实入党积极分子一年以上培养教育和考察的要求，党支部书记、培养联系人、入党介绍人和组织员都要承担起培养教育的责任。规范程序，严格把关，对基本具备党员条件的入党积极分子，在听取党小组、培养联系人、党员和群众意见的基础上，经支部委员会讨论同意并报上级党组织备案后，列为发展对象。为每一名发展对象确定两名正式党员作为入党介绍人，介绍人认真履行责任。健全落实发展对象谈心谈话和政治审查制度。对发展对象应进行短期集中培训，时间一般不少于 3 天（或不少于 24 个学时），培训突出思想入党和政治引领，并结合社会实践和志愿服务等进行党情国情教育。发展对象要定期向党组织进行书面思想汇报。

3. 加强对预备党员的教育培养

二级学院党委（党总支）要及时将学校党委批准的预备党员编入党支部和党小组，并认真做好预备期的培养考察记录。通过党的

组织生活、听取本人汇报、个别谈心、集中培训、实践锻炼等方式，对预备党员进行系统教育和综合考察，重点考察预备期的思想政治表现、个人党性分析和学习工作情况。严格执行预备党员转正的组织程序和要求。

4. 加强对党员的继续教育

党员继续教育以增强党性与党员意识、提高思想政治素质为目标，以加强党的执政能力建设、先进性和纯洁性建设为主线，组织党员学党章党规、学党的理论创新成果，组织开展党的基本理论、基本路线、基本纲领、基本经验、基本要求和党的历史、优良传统教育，组织开展中国特色社会主义理论教育，组织开展党中央治国理政新理念新思想新战略、社会主义核心价值观和中国梦主题教育。开展学生党员遵守政治纪律和政治规矩、廉洁自律教育，引导党员政治合格、执行纪律合格、品德合格、发挥作用合格。党员继续教育结合本（专）科生不同类型学生的特点，有计划、有安排、有落实，每年集中培训时间一般不少于32个学时。认真开展党员经常性教育，政治意识、大局意识、核心意识、看齐意识不断增强，中国特色社会主义道路自信、理论自信、制度自信、文化自信不断增强。

5. 创新党员教育方式载体

针对本（专）科生不同类型学生的特点，构建以学校、二级学院党校为主体、基层组织专题学习为重点、网络学习教育为辅助、主题教育实践为支撑的多层次、多渠道的学生党员经常性学习教育体系。学校党校紧紧围绕校党委关于加强大学生党员发展工作的重要部署，紧密结合大学生思想实际，合理设置教学方案，科学制订培训计划，用党的理论创新成果武装学生头脑，增强党校教育的针对性、时效性。运用学生互动社区、主题教育网站和“两微一端”

等网络新媒体，创建网上党建园地、网上党校等党员教育平台，确保外出实习、毕业班求职学生党员等流动党员正常接受教育。学校党委书记、校长和二级学院党组织书记、党员院长每学期至少给学生党员讲一次思想政治理论课。以重大节庆日、重要活动、重要节点为契机，开展形式多样的主题教育活动。重视教育培训实践环节，组织大学生党员广泛参加自我管理、志愿服务、社会调查、承诺践诺等活动。

（三）严格程序要求，确保党员发展质量

1. 坚持党员发展原则

发展党员按照控制总量、优化结构、提高质量、发挥作用的总要求，坚持党章规定的党员标准，认真落实《中国共产党发展党员工作细则》各项要求，始终把政治标准放在首位。坚持慎重发展、均衡发展，有领导、有计划地进行。坚持入党自愿原则和个别吸收原则，成熟一个，发展一个。禁止突击发展，反对"关门主义"。注重发展边疆少数民族优秀学生党员，在坚持标准的前提下给予倾斜政策。制订年度发展工作计划，在上级党组织规定的年度发展计划控制数内发展党员。

2. 严格党员发展程序

认真落实培养、预审、公示、谈话、审批和接收、转正等程序及要求。支部大会程序规范，参会人数符合要求，党组织评定意见严谨规范、填写及时。预备党员必须面向党旗进行入党宣誓，入党宣誓仪式庄严、庄重。学校、二级学院党委（党总支）认真履行职责，按照规定及时讨论审批党支部上报的接收预备党员或预备党员转正决议，党委审批必须集体讨论、逐一表决。学生党员的档案材

料建档规范、齐备，入党申请书、入党志愿书、思想汇报等材料填写认真、规范。

3. 保证党员发展质量

强化发展质量，严把发展关口，严格政治审查，深入考察发展对象的入党动机是否端正，对党的认识是否深刻，是否懂得党员义务和权利，是否遵守党章党规党纪，是否坚定不移听党话跟党走，确保政治合格。把综合素质作为发展学生党员的重要考察内容，全面考察思想政治、能力素质、道德品行、现实表现等方面的具体标准，注重学生的一贯表现和关键时刻表现、自我评价和群众评议、学习情况和社会实践情况，防止把学习成绩作为党员发展的唯一条件。

（四）加强党员管理，严肃党内生活

1. 规范党内组织生活

党内政治生活的政治性、时代性、原则性、战斗性强，党的组织生活应经常、认真、严肃，坚持不懈用好批评和自我批评这个武器。组织生活规范，有实质性内容，能有针对性地解决学生党员的实际问题。坚持“三会一课”制度，党支部每季度至少召开 1 次支部党员大会（不设党小组的党支部一般应每月召开 1 次党员大会），一般应每月召开 1 次支部委员会会议和党小组会，每季度至少安排 1 次党课，党支部书记每年至少讲 1 次党课。“三会一课”结合学生特点，突出政治学习和教育，突出党性锻炼，坚决防止表面化、形式化、娱乐化、庸俗化。全面推行“一日一事”制度，即“支部活动日、党员示范事”制度。“支部活动日”由各党支部根据各自实际情况以每月的某一个星期二下午作为本支部党员固定活动日，开展

“三会一课”、缴纳党费两项“规定动作”，同时，可结合实际灵活开展组织生活会、民主评议党员、民主议事、党务公开、谈心谈话、实践锻炼、服务师生群众、走访调研、重温入党誓词等“自选动作”，不断增强党的组织生活活力；“支部活动日”以党支部为活动组织单位，要求支部内所属正式党员、预备党员参加，根据活动内容吸收入党积极分子参加。“党员示范事”由党员围绕“四个合格”要求，每月制订“学、做、改”三方面各做一件实事的计划，并严格予以实施。每年“七一”前后，组织开展1次主题党日教育活动。各党支部每月向上一级党组织上报“支部活动日”计划小结，党员个人每月向所在党支部上报“党员示范事”计划小结。进一步规范“三会一课”及其他党员活动记录，如实记录“三会一课”开展情况，严格考勤和缺勤补学等制度。坚持组织生活会制度，每半年召开1次，会前广泛听取意见、深入谈心交心，会上认真查摆问题、深刻剖析根源、明确整改方向，会后逐一整改落实。坚持谈心谈话制度。采取个别谈话、集体座谈、随机交流等多种形式开展谈心谈话，每年至少安排2次；谈心谈话做到支部委员之间必谈、支部委员与每位党员必谈、支部委员与党外教师必谈；谈心谈话要坦诚相见，既要相互交流思想、沟通工作生活情况，又要相互听取意见、指出对方存在的问题和不足。坚持民主评议制度，每年开展1次，按照规定的方法步骤，对支部党员进行民主评议；党员民主评议结果一般分为优秀、合格、基本合格、不合格四个等次。根据民主评议结果，对党性不强的学生党员，进行严肃批评教育，限期改正；经教育仍无转变的，应按规定程序劝其退党或除名。二级学院党委（党总支）要加强对学生党支部党内组织生活的指导和引导，确保党内组织生活有序开展。

2. 加强党员日常管理

党员组织隶属关系明晰，每一名学生党员都能纳入党的基层组织管理之中。严格执行学生党员党组织关系接转规定，档案材料审查严格，接转组织关系及时规范，党员组织关系管理有效衔接。严格落实流动党员和出国（境）党员管理实施办法，建立流动党员管理信息库与管理台账，规范滞留学校毕业生党员组织关系管理。学生党员基本信息统计工作严谨规范，及时排查党员组织关系，妥善做好“失联党员”“口袋党员”的联系查找和组织关系接转。严格落实党费收缴、使用和管理工作，教育党员自觉按时足额缴纳党费。加强党员日常管理监督，建立健全大学生党员退出机制，及时稳妥处置不合格党员，及时处分违纪党员。

3. 保障党员权利

坚持以人为本，从政治、思想、学习、工作和生活上关心爱护学生党员，建立健全党内激励、关怀与帮扶机制。搭建务实管用、灵活多样、特色鲜明的服务学生党员载体。尊重学生党员的主体地位，保障党员民主权利，落实党员的知情权、参与权、选举权和监督权，保障党员申辩申诉等权利，支持学生党员广泛参与班级、学院和学校管理工作，畅通学生党员参与讨论党内事务的途径，拓宽表达意见渠道，营造党内民主讨论的政治氛围。

（五）强化作用发挥，打造坚强战斗堡垒

1. 发挥党组织作用

校党委、院党委（党总支）主体作用发挥突出，落实“四个合格”目标要求坚决有力，有效开展学习型、服务型、创新型党组织创建，领导和支持学生党组织发挥好组织带动、工作带动、队伍带

动、榜样带动作用。学生党组织在党员思想政治教育、管理、服务工作中针对性实效性强，在推进专业学习、志愿服务、社会实践、就业创业等方面工作有力。坚持解决思想问题与实际问题相结合，注重人文关怀和心理疏导，在引领优良班风、校风、学风，践行社会主义核心价值观和维护学校改革发展稳定大局中发挥战斗堡垒作用。

2. 发挥党员作用

党员先锋模范作用发挥充分，严格遵守党章与党纪党规，带头遵守国家法律和校纪校规，做遵纪守法的标杆；带头践行社会主义核心价值观，做“勤学、修德、明辨、笃实”的表率；带头落实“四个合格”目标要求，做党的路线方针政策的宣传者，做朋辈帮扶、互助友爱的践行者，做就业创业、志愿服务国家需要的争先者，做钻研科学知识、勇攀科学高峰的探索者。学生党员在学术研究、恪守学术道德中的模范带头作用发挥充分，毕业生党员在创新创业中的导向和示范作用突出。定期开展评选表彰优秀学生党员工作，通过选树先进典型，用身边人、身边事教育影响其他学生。团结和带领广大学生为推动形成优良党风、校风、学风做贡献。

（六）加强条件保障，推动工作任务落实

1. 加强制度保障

制定并完善发展学生党员及党员教育管理服务工作各项制度。“三会一课”、组织生活会、谈心谈话、民主评议党员和学生党组织工作考评等制度全面落实。学生党员发展质量跟踪评价机制应健全。

2. 落实经费保障

学生党建工作纳入学校年度经费预算，党校办学经费满足需要。

学生党支部活动经费按照每人每年100元标准落实到位。

3. 推进平台建设

建立党建信息化平台，加强“两微一端”建设，创建网上党校园地、党校、论坛等思想政治工作平台。学生党建工作有相对固定的活动场所和设施，建立多种形式的学生党员教育、实践和服务基地。学校、二级学院党校师资建设和办学条件好，教学质量有保证。

二、构建学习型学生党组织

党的基层组织是党在社会基层组织中的战斗堡垒，是党的全部工作和战斗力的基础。创建大学生学习型党组织，既是建设马克思主义学习型政党和加强高校党组织建设的需要，也是促进大学生党员全面发展的需要。学生党组织是高校中人数最多、覆盖面最广的基层党组织，其整体素质的高低，直接影响高校党建育人的质量。创建大学生学习型党组织，有利于进一步增强学生党组织的凝聚力、创造力和战斗力，有利于推动高校党建工作的高质量发展。

（一）创新学习机制，增强育人效果

1. 创建学习平台，突出政治建设

一是创建学习平台。学习平台是构建大学生学习型党组织的重要依托，百色学院立足学校实际，在完善党建思政、管理服务、社会实践等工作平台的基础上，积极创建大学生党员学习平台。首先充分依托学生生活、学习场所建立学习平台。探索建立公寓党员活动室、教学楼党员活动室、学生科研课题（兴趣小组）活动室，以党员活动室为阵地，组织开展特色创建活动，如成立青马读书会、青年成才论坛、励志成才家园等思想政治工作平台，使活动室真正

发挥作用。其次是积极构建学校、社会、家庭共育的全员育人网络，如充分利用百色起义纪念馆、学校博物馆等校外党建教育资源，通过经常性地开展学习参观、宣传宣讲等活动，拓展党员视野、丰富学习内容；充分利用寒暑假期间，组织学生党员开展社会实践服务活动，为党员学生提供社会实践平台。再次是建立党建信息化平台，加强“两微一端”建设，创建网上党校园地、党校、论坛等思想政治工作平台。最后是加强党建公告栏、宣传栏的管理。党建公告栏、宣传栏做到及时维护更新，内容既要着眼于宣传党和国家的大政方针，又要多方选树身边人和身边事的先进典型，弘扬好风气，传播正能量，使其真正成为宣传党的理论、贯彻党的主张和选树典型的有效平台，营造良好的学习氛围。二是突出政治建设。党的政治建设是党的根本性建设，在一定程度上决定了党的建设方向以及党建效果。高校创建学习型党组织要始终加强党的政治建设，夯实政治根基。长期以来，百色学院始终将政治建设放在首要地位，深入学习习近平新时代中国特色社会主义思想，引领广大师生深刻领会“两个确立”的决定性意义，增强“四个意识”、坚定“四个自信”、做到“两个维护”。同时，通过经常性的党建工作检查和学校党委政治巡察等方式，推动各级党组织的政治建设，确保政治建设的有效性。

2. 构建科学评价机制，规范学习内容

一是建立学习评价机制。为从根本上推动高校学习型党组织的创建，推动党建工作高效开展，高校应当明确科学评价机制的重要性，并将科学评价机制构建作为学习型党组织创建的重要内容，制定出量化考评标准。在此基础上，可由各学院结合本学院实际情况，制定出具体的实施细则，开展量化考评工作。在开展考评时，不仅要考评活动的开展情况，还要对党员掌握的基本知识、解决实际问题的能力等进行考核。另外，学校还要构建良好的激励机制，针对学习态度好、学习能力较强且学习效果突出的党员给予一定奖励，调动党员参与学习的积极性，推动学习型党组织的形成。二是规范内容、创新方法。将规范学习内容、创新学习方法以及落实责任作为创建学习型党组织工作重点。规范内容主要指的是根据实际情况，从多个层次出发，构建出具有针对性的内容。一方面要提高学生党员的思维层次，推动实践转化，重点学习科技、文化以及经济、法律等多方面的知识，增加知识储备，提高工作能力；另一方面要积极开展坚定理想信念的专题学习活动，不断增强学生党员的政治意识、大局意识、核心意识，促进学习型党组织健康发展。创新方法主要指的是在创建学习型党组织时，应当保证学习型党组织创建的科学性，转变传统学习活动组织方式，避免灌输式以及单一性学习模式，构建具有互动性以及共享性的学习方法，从而激发学生党员的学习兴趣，从根本上提高学习质量。落实责任主要指的是高校在创建学习型党组织时，应当建立完善的领导机构，结合不同阶段发展情况，制定出学习目标以及学习任务，引导学生党员明确学习方向，调动学习积极性，从而推动学习型党组织构建。三是重视落实学习任务。把学习作为党组织活动开展的重要内容，同时将学习体现在党组织的各项工作中。党组织需要定期召开例会，了解党员学习情况；每一名党员都需要汇报学习情况，将学习与日常工作相融合，营造出良好的学习氛围，提高党员学习能力。此外，需要积极开展批评以及自我批评，党员可依据自身学习状况，及时自我批评，不断调整学习状态。党组织还要做好学习先导工作，把学习纳入党组织建设，督促学生党员加强学习，坚定理想信念，进一步升华思想境界，培养健康思想观念，推动学生学习型党组织创建。

（二）建立学习保障机制，完善学习教育体系

1. 建立保障机制，确保学习型党组织的高效运转

明确学生党支部负责人为推进学习型党组织建设的“第一责任人”，负责学习型党组织建设中组织、指导、保障、督促，确保学习型党组织建设工作落到实处。落实学生党支部专项活动经费，按照节约有效的原则，组织党员举办各类讲座、各类研讨会，开展各类培训以及外出学习考察调研，为推进学习型党组织的创建提供有力的经费保障。

2. 引导党员端正学习态度，确立自我超越的理念

引导学生党员明确认识学习不是任务，而是生命所需，要坚持在实践中学习，在学习中实践，要把学习融入自身的工作学习，使学习成为重塑自我、完善自我的过程。引导学生党员确立团队学习的理念，培养团队意识和合作精神，使其深刻地认识到学习不仅是个人进步和发展的需要，也是党的事业进步和发展需要，使学习型党组织建设成为每一名学生党员的自觉行为和习惯，确立自我超越的理念。

3. 完善学习教育体系，牢固学习型党组织基础

学校每年实施“大学生党的基本知识教育工程”，完善学习教育体系，根据不同年级和不同层次的学生党员进行分阶段、有针对的教育，牢固大学生学习型党组织基础。一是实施新生入党启发教育。把入党启发教育作为新生入学教育的重要内容，以理想信念教育为重点，以社会主义核心价值观为引领，用好新生入学第一课、军训、主题团日和重要节日纪念活动等载体，通过专题报告、专家讲座、

优秀党员与新生座谈等形式，广泛开展习近平新时代中国特色社会主义思想、党的基本知识教育，推行在每个班级建立党章学习小组的做法，讲好党的故事，讲明入党要求，激发大学生入党热情，及早发现和培养好苗子。各二级学院党组织充分发挥作用，积极组织教师党支部、高年级学生党支部和新生班级开展结对活动，充分发挥学生党员、辅导员、班主任对学生入党的引导作用。入党启发教育的时间不少于 4 个学时。二是开展入党积极分子学习培训。组织大学生入党积极分子参加校院两级党校教育培训，积极参加党内有关活动，接受系统的党的基本知识、基本理论、基本路线、优良传统和时事政策教育，使他们加深对习近平新时代中国特色社会主义思想、对党和国家形势政策的认识，引导学生树立正确的世界观、人生观、价值观，端正入党动机，明确入党程序，确立为共产主义事业奋斗终生的信念，积极创造条件争取早日入党。学校党委党校每年组织 2 期入党积极分子培训班，对入党积极分子进行集中培训；每年组织开展 2 期发展对象培训班，集中培训时间均不少于 24 个学时。各学生党支部通过“三会一课”、主题党日等开展一次习近平新时代中国特色社会主义思想全覆盖学习培训。指导申请入党的大学生写实思想汇报，从具体人、具体事入手，重点谈思想上的进步、对党的认识、学习党的创新理论的收获，反对形式主义，不简单要求次数、字数。把政治标准放在发展党员首位，指导发展对象填好入党志愿书，讲清对党的认识、对党的创新理论特别是习近平新时代中国特色社会主义思想的认识，讲清入党的真实想法和政治态度。三是加强预备党员学习培训。加强大学生预备党员的思想政治教育，深入学习党章、党规，学习习近平新时代中国特色社会主义思想、党的十九大和历次全会精神，学习习近平总书记关于青年大学生成长成才的重要论述，使他们加深对党的性质、现阶段的任务和最终目标、指导思想、组织原则、作风纪律、党员的权利和义务等的了解，引导他们增强“四个意识”、坚定“四个自信”、做到“两个维护”，自觉践行社会主义核心价值观。抓住入党宣誓及转正两个关键环节，组织预备党员参与党内各类活动，帮助预备党员在活动中不断增强党员意识、党性观念，从而真正在思想上入党。坚持组织学习活动，对预备党员年度学习培训时间不少于 24 个学时。四是落实学生党员学习培训计划。组织学生党员深入学习习近平新时代中国特色社会主义思想，加强党的路线方针政策和形势任务教育培训，通过集中学习、党课教育、主题党日活动等方式，教育引导广大学生党员坚定理想信念，提高党性修养。通过学习培训，帮助他们用习近平新时代中国特色社会主义思想武装头脑、指导实践，推动大学生党员在学习、生活和各类社会活动中发挥党员先锋模范作用。结合毕业教育，组织开展切合毕业生党员实际的系列主题教育活动，教育他们正确处理国家利益与个人利益之间的关系，为学生党员走向社会更好发挥作用打下良好的思想基础。充分运用现代技术和手段，积极开辟网络教育空间，通过党建 QQ 群、微信群、学习强国、八桂先锋 App、红微课等多种形式，开展网络授课、“微党课”等活动，不断探索大学生党员喜闻乐见、简便实用的教育培训新手段，提高教育培训水平。学生党员入党后一年内组织 1~2 次集中培训，每年集中学习培训一般不少于 32 个学时。

三、以学生党建工作推动优良学风的形成

良好的学风对于提高教学水平和人才培养质量，促进学生的全面发展和健康成长有着十分重要的意义。百色学院通过学生党支部

“优良学风”创建活动，使学生乐学、勤学、会学，养成自主学习和终身学习的习惯，形成“谦虚、刻苦、诚实、求真”的良好学风，提高学生党员的思想政治素质，增强学生党员队伍活力，充分发挥学生党支部和学生党员在建设优良校风、学风中的先锋模范和战斗堡垒作用，进一步加强和创新学生党建工作，树立典型，为建设优良校风、学风提供坚强的政治、思想和组织保证，促进学校学风建设和学生党建工作的发展。

（一）加强领导，健全制度

1. 成立工作领导小组

各二级学院成立以党委（党总支）副书记或主管学生工作的副院长为组长，成员包括辅导员（班主任）、学生党支部书记和支部委员的学风建设工作领导小组。领导小组定期研究学生党支部学风建设工作，召开党支部学风建设动员会，落实学校和学院学风建设工作有关精神和工作安排，切实加强对学风建设的领导，做到学风有人抓、纪律有人管，为学风建设提供领导和组织保障。

2. 健全制度，落实责任

各二级学院学风建设工作领导小组制订学生党支部学风建设计划、学生寝室学习计划，量化评比标准。每位学生党员在学期初制订个人具体学习计划和目标，并将计划和目标落实情况公开化、透明化，接受党支部全体成员的意见和批评。落实责任制，把学风建设的任务和责任落实到每个学生身上。

（二）创新思路，开展“优良学风”特色活动

1. 设立学习互动小组

学生党支部在所属的各个班级中设立学习互动小组，把它作为开放教育自主化学习的一种重要形式。学员通过参加互助学习小组活动，开展互帮互学，消除因个别化自主学习带来的困难，达到提高学习效果、增强自学能力的目的。学习互助小组每学期初根据本学期开设课程情况制订切实可行的“学习互助小组活动计划”。计划内容包括活动主题、活动目的、活动方式、日程安排以及人员分工等。学习互助小组活动内容主要有：共同明确学习目标，制订自主化学习计划和小组互动计划等；根据教学进程和教学内容，适时进行专题讨论、答疑、社会调查等活动；组织小组成员研究讨论学习中的疑难问题，互通学习信息和资料，交流心得体会；积极组织成员参加实践教学基地活动；组织或敦促小组成员开展网上学习、网上答疑、期末练兵等活动。

2. 定期分析学风创建情况

学生党支部定期召开组织生活会、学风建设专题研讨会。通过组织生活会和研讨会，认真分析本党支部成员所在班级的学风状况和存在问题，提出改进的对策和建议。要求每一位学生党员认真撰写一篇心得体会，支部汇总并形成书面报告向学院汇报，以学生党员为骨干促进优良学风班集体建设。

3. 搭建学生党员科创平台

创新是民族发展的灵魂，学生党支部在开展党建工作的过程中，注重将科创的理念贯穿始终，激发学生党员投身科创的热情，鼓励学生多思考、多创造、多历练。党支部服务于学生党员的科技创新

工作，积极推荐学生党员进入各课题小组，从格式与规范开始，教会学生党员如何开展学术创作，培养学生党员形成严谨的科学态度、团队的合作精神、锲而不舍的科研作风，全面提升创新能力。帮助学生党员建立科创团队，开展与所学专业相关的学术科技创新，并给每个团队配备科研指导教师。

4. 开展“学生党员在学风建设中的责任”微型课堂教学比赛

学生党员不但是学风建设的带动和示范者，也应担负起一定的责任和义务。学生党员在学习领会学风建设意义、内容，明确自身肩负责任的基础上，将日常大学生在学风建设过程中的点滴表现进行归纳、提炼，制作成课件，参加“学生党员在学风建设中的责任”微型课堂教学比赛，在比赛中谈看法、谈理解、谈体会，推动广大学生党员在教中学、在学中教，引导广大学生自觉践行良好的学风。

5. 开展“党员寝室领航寝室文化建设”活动

寝室是大学生的一个重要阵营，大学生涯的很大一部分时间是在寝室度过的。党支部借助学生党员的力量，在党支部的统一部署下开展寝室文化建设，努力营造积极向上、学习氛围浓厚的寝室环境，引导广大学生养成自主学习的习惯，营造良性学习竞争氛围。主要做法是：以党支部书记为组长，成立寝室文化建设领导小组，共同组织实施本学院具体工作。由学生党员（入党积极分子）担任寝室长及寝室信息员，实行党员（入党积极分子）寝室、床铺挂牌制度，有效带动同学向党员看齐，形成“一个党员，一面旗帜，一间文明寝室”的良好局面。“党员床铺”采用醒目的红色标签，警示党员自己，提醒其他同学，切实体现出党员的先进性。党员带头开展寝室“三帮二保”工作。“三帮”即帮思想、帮学习、帮生活，具体包括：党员有意识地在寝室开展思想政治理论学习活动，在提高自身政治觉悟的同时，带动全寝成员一起积极进步；在寝室内部开展丰富多彩的学习竞赛活动，提高寝室成员学习积极性；与寝室成员间谈心、交流，一起积极参加寝室征文、手抄报、篮球赛等多样的、特色突出的文体活动，积极构筑和谐的寝室人际关系，努力提高学生的身心素质。“二保”即保安全、保稳定，具体包括：由党员（入党积极分子）牵头，加强寝室安全教育和法治教育，认真开展寝室安全知识教育、寝室安全隐患排查等工作，努力创建平安寝室，和谐校园；完善寝室安全防范制度，实施规章制度上墙，切实加强日常管理，加大检查力度；由党员（入党积极分子）承担寝室信息员的职务，完善学生信息反馈网络，提高应对突发性事件的能力，确保政治稳定和秩序稳定。同时，建立寝室文化建设评比机制，采用激励机制把寝室文化建设的考评结果纳入支部年度考核。

6. 开展党员“一帮一”活动

以学生支部为单位，每一名党员帮扶一名“短板”学生或一个学习小组，带动全院学生全面开展教学“一帮一”活动，充分发挥学生党员在学风建设中的模范带头作用，提升学院学风建设氛围。一是要求学生党员全体参加党员“一帮一”活动，一人一岗，党员带头以自己的学习积极性带动班级同学的学习积极性，共同营造良好的学习氛围。二是全面号召入党积极分子参加“一帮一”活动，将“一帮一”活动作为检验入党积极分子是否具有高度的服务意识的有效工具，积极分子在“一帮一”活动中的成绩表现作为入党的一个考察参考。三是拓宽党员“一帮一”活动范围，在加强文化知识学习的基础上加入政治理论知识的学习。党员和积极分子带动帮扶对象坚持每月一次的政治理论学习，全面提高帮扶对象思想水平；党员和积极分子与帮扶对象进行一对一的交流学习，并在每月月末将自身的收获以及帮扶对象取得的进步以党员日记形式（积极分子可采取思想汇报的形式）汇报给党组织。四是党员要通过各种方法途径，努力提高帮扶对象的学习兴趣和学习成绩。五是建立党员“一帮一”活动监督和考评机制，确保党员“一帮一”活动顺利有效的开展。学生党员和入党积极分子要对帮扶对象进行现状分析、找明原因，有计划地进行学业辅导、思想引领，要求帮扶对象成绩有进步、思想有提升。

7. 建立党员挂牌制度

发挥党员学生的先锋模范作用，开展“带党徽亮身份”、学生党员宿舍亮牌等活动，以党员学生带非党员学生，切实发挥先锋模范作用。

8. 成立学生党员文明督导队

由党员和入党积极分子组成，每天对晨读、出勤、晚自习等情况进行监督检查，对学生中存在的不文明现象及时指正，每周对班级的不良现象进行汇总公布。

四、围绕学风建设，对学生党支部和学生党员提出明确要求

（一）明确对党支部学风建设的要求

学生党支部要把学风建设列为支部党建工作主要内容，将带领学生党员发挥党员先锋模范作用，培养学风建设带头人作为支部年度党建工作重要内容；要将发展对象在学风建设中的表现作为学生党支部发展党员的重点考察；要把学风建设内容融入“三会一课”，要求学生入党积极分子从进入党校起就端正学风，争当优良学风带头人。学生党支部要经常性地开展以学风建设为主题的党日活动，

同时要加强党建带团建。学生团支部、团小组要围绕学风建设开展适合学生特点的各项活动。

（二）明确对学生党员学风建设的要求

明确学生党员在学风建设中"八不准"：不准迟到早退、无故旷课；不准抄袭作业、考试作弊；不准语言粗鲁、行为失范；不准沉迷网络、信谣传谣；不准破坏公物、污染环境；不准贪图享受、浪费资源；不准脱离集体、自私自利；不准拖延推诿、不负责任。明确学生党员学风建设"六带头"：带头遵纪守法，弘扬正气，文明言行，严于律己；带头勤奋学习，按时上课，认真笔记，独立作业；带头健康生活，安全卫生，勤俭节约，科学作息；带头诚实守信，敬廉崇洁，尊师重教，孝老敬亲；带头服务奉献，勇于担当，热心公益，乐于助人；带头文明上网，科学上网，绿色上网，健康上网。

（三）加强对学生党员的监督、考核

学生党支部要将学风指标纳入学生党建发展与考核工作的各个环节，重点考核学生党员在学风建设中发挥作用的情况，把学生党员在学风建设中的表现作为民主评议党员的重要内容，不断增强学生党员的先锋意识和责任意识。在培养入党积极分子时，将学风建设作为教育内容之一；在确定发展对象时，将优良学风的持续性表现作为衡量参考之一；在吸收预备党员时，将该学生是否致力于学风建设作为考察重点之一；入党后，对学生党员进行教育和考核时，看他们是否自觉、主动开展学风建设，能否一贯地在学习上起到先锋模范作用，能否关心、帮助思想学习弱势的同学，是否以党员的标准积极有效地承担起学风建设的责任。

附　录

百色学院

学生党员成长手册

姓　　名：

专业班级：

学　　号：

百色学院信息工程学院

入党誓词

我志愿加入中国共产党，拥护党的纲领，遵守党的章程，履行党员义务，执行党的决定，严守党的纪律，保守党的秘密，对党忠诚，积极工作，为共产主义奋斗终生，随时准备为党和人民牺牲一切，永不叛党。

目 录

附件 2　党员成长经历重大活动记录

附件 3　百色学院大学生党员先进性要求

附件 4　百色学院发展党员工作实施细则（修订）

附件 5　百色学院发展党员工作流程（修订）

附件 6　中国共产党廉洁自律准则

附件 7　中国共产党廉洁自律准则

第一章　党的基本知识

一、党的性质：中国共产党党章明确规定：中国共产党是中国工人阶级的先锋队，同时是中国人民和中华民族的先锋队，是中国特色社会主义事业的领导核心，代表中国先进生产力的发展要求，代表中国先进文化的前进方向，代表中国最广大人民的根本利益。

二、党的指导思想：中国共产党以马克思列宁主义、毛泽东思想、邓小平理论、“三个代表”重要思想、科学发展观、习近平新时代中国特色社会主义思想作为自己的行动指南。

三、党的最高理想和最终目标：实现共产主义。

四、党的宗旨：全心全意为人民服务。

五、党在社会主义初级阶段的基本路线：领导和团结全国各族人民，以经济建设为中心，坚持四项基本原则，坚持改革开放，自力更生，艰苦创业，为把我国建设成为富强民主文明和谐美丽的社会主义现代化强国而奋斗。

六、党的思想路线：一切从实际出发，理论联系实际，实事求是，在实践中检验真理和发展真理，是我们党在长期的革命和建设实践中确立的思想路线，是我们党认识、分析和处理问题所遵循的最根本的指导原则和思想基础。

七、党的政治路线：党的政治路线就是党的基本路线或党的总路线。它集中体现了党的政治主张，是党的行动的基本准则，也是党的纲领在一定历史时期的具体表现。党在不同历史时期的政治路线就是该时期的政治任务。党的政治路线是制定各项具体工作路线和政策的根本依据，各项具体工作路线和政策则受它制约并为之服务。

八、党的组织路线：新时代党的组织路线是全面贯彻习近平新时代中国特色社会主义思想，以组织体系建设为重点，着力培养忠诚干净担当的高素质干部，着力集聚爱国奉献的各方面优秀人才，坚持德才兼备、以德为先、任人唯贤，为坚持和加强，党的全面领导、坚持和发展中国特色社会主义提供坚强组织保证。全党必须增强党组织的政治功能和组织功能，培养选拔党和人民需要的好干部，培养和造就大批堪当时代重任的社会主义事业接班人，聚天下英才而用之，从组织上保证党的基本理论、基本路线、基本方略的贯彻落实。

九、党的群众路线：党的群众路线是马克思主义认识论和历史唯物主义基本原则的体现，也是我党对待群众的根本态度和领导方法，党的群众路线的核心内容是：一切为了群众，一切依靠群众，从群众中来，到群众中去。

十、申请入党的条件：年满十八岁的中国工人、农民、军人、知识分子和其他先进阶层的先进分子，承认党的纲领和章程，愿意参加党的一个组织并在其中积极工作、执行党的决议和按期交纳党费的，可以申请加入中国共产党。

十一、党员的基本条件：中国共产党党员是中国工人阶级的有共产主义觉悟的先锋战士。中国共产党党员必须全心全意为人民服务，不惜牺牲个人的一切，为实现共产主义奋斗终生。中国共产党党员永远是劳动人民的普通一员。除了法律和政策规定范围内的个人利益和工作职权以外，所有共产党员都不得谋求任何私利和特权。

十二、党员的权利：

1. 参加党的有关会议，阅读党的有关文件，接受党的教育和培训。

2. 在党的会议上和党报党刊上，参加关于党的政策问题的讨论。

3. 对党的工作提出建议和倡议。

4. 在党的会议上有根据地批评党的任何组织和任何党员，向党负责地揭发、检举党的任何组织和任何党员违法乱纪的事实，要求处分违法乱纪的党员，要求罢免或撤换不称职的干部。

5. 行使表决权、选举权，有被选举权。

6. 在党组织讨论决定对党员的党纪处分或做出鉴定时，本人有权参加和进行申辩，其他党员可以为他作证和辩护。

7. 对党的决议和政策如有不同意见，在坚决执行的前提下，可以声明保留，并且可以把自己的意见向党的上级组织直至中央提出。

8. 向党的上级组织直至中央提出请求、申诉和控告，并要求有关组织给以负责的答复。

党的任何一级组织直至中央都无权剥夺党员的上述权利。

十三、党员的义务：

1. 认真学习马克思列宁主义、毛泽东思想、邓小平理论、“三个代表”重要思想、科学发展观、习近平新时代中国特色社会主义思想，学习党的路线、方针、政策和决议，学习党的基本知识和党的历史，学习科学、文化、法律和业务知识，努力提高为人民服务的本领。

2. 增强“四个意识”、坚定“四个自信”、做到“两个维护”，贯彻执行党的基本路线和各项方针、政策，带头参加改革开放和社会主义现代化建设，带动群众为经济发展和社会进步艰苦奋斗，在生产、工作、学习和社会生活中起先锋模范作用。

3. 坚持党和人民的利益高于一切，个人利益服从党和人民的利益，吃苦在前，享受在后，克己奉公，多做贡献。

4. 自觉遵守党的纪律，首先是党的政治纪律和政治规矩，模范遵守国家的法律法规，严格保守党和国家的秘密，执行党的决定，服从组织分配，积极完成党的任务。

5. 维护党的团结和统一，对党忠诚老实，言行一致，坚决反对一切派别组织和小集团活动，反对阳奉阴违的两面派行为和一切阴谋诡计。

6. 切实开展批评和自我批评，勇于揭露和纠正违反党的原则的言行和工作中的缺点、错误，坚决同消极腐败现象做斗争。

7. 密切联系群众，向群众宣传党的主张，遇事同群众商量，及时向党反映群众的意见和要求，维护群众的正当利益。

8. 发扬社会主义新风尚，带头实践社会主义核心价值观和社会主义荣辱观，提倡共产主义道德，弘扬中华民族传统美德，为了保护国家和人民的利益，在一切困难和危险的时刻挺身而出，英勇斗争，不怕牺牲。

十四、党的纪律：

党的纪律主要包括政治纪律、组织纪律、廉洁纪律、群众纪律、工作纪律、生活纪律。

坚持惩前毖后、治病救人，执纪必严、违纪必究，抓早抓小、防微杜渐，按照错误性质和情节轻重，给以批评教育直至纪律处分。运用监督执纪“四种形态”，让“红红脸、出出汗”成为常态，党纪处分、组织调整成为管党治党的重要手段，严重违纪、严重触犯刑律的党员必须开除党籍。

党内严格禁止用违反党章和国家法律的手段对待党员，严格禁止打击报复和诬告陷害。违反这些规定的组织或个人必须受到党的纪律和国家法律的追究。

对党员的纪律处分有五种：警告、严重警告、撤销党内职务、留党察看、开除党籍。

十五、党徽党旗：

1. 中国共产党党徽为镰刀和锤头组成的图案。

2. 中国共产党党旗为旗面缀有金黄色党徽图案的红旗。

3. 中国共产党的党徽党旗是中国共产党的象征和标志。党的各级组织和每一个党员都要维护党徽党旗的尊严。要按照规定制作和使用党徽党旗。

十六、怎样做一个合格的共产党员？

“两学一做”学习教育对新时代合格党员标准作出概括，即“讲政治、有信念，讲规矩、有纪律，讲道德、有品行，讲奉献、有作为”。这“四讲四有”，从政治素养、纪律意识、道德品质、能力素质等方面，勾勒出合格共产党员的时代肖像。要做新时代“合格党员”，每个党员都应该做到“四个牢记”：

牢记党的理想信念。习近平总书记曾说：“有了坚定的理想信念，站位就高了，眼界就宽了，心胸就开阔了，就能坚持正确的政治方向，在胜利和顺境时不骄傲不急躁，在困难和逆境时不消沉不动摇，经得起各种风险和困难考验，自觉抵制各种腐朽思想的侵蚀，永葆共产党人的政治本色。”理想信念是共产党人思想和行为的“总开关”，有了理想，才有“活的灵魂”；丧失信念，堤坝就会崩溃。回顾我们党的奋斗史，面对一次次生死攸关的考验，面对敌人残酷无情的严刑拷打，无数胸怀理想信念的共产党人无所畏惧、绝不低头。党的十八大以来，面对多元文化的冲击，面对国内外的严峻考验，部分党员领导干部理想信念动摇，以至于把党和人民的利益置之度外，贪图享乐、贪图名利，想问题、办事情都从个人名利出发，最终沦为阶下囚。作为新时代的共产党员，我们要始终把党的理想信念作为安身立命之本，深入学习习近平新时代中国特色社会主义思想，学习党的二十大报告精神，自觉增强政治意识、大局意识、核心意识、看齐意识，时刻拧紧“总开关”，始终坚守共产党人的精神家园，始终坚定党的理想信念，时刻保持为理想信念干事创业的激情和热情。

牢记党的根本宗旨。党的二十大报告将“坚持以人民为中心的发展思想”明确为前进道路上必须牢牢把握的五条重大原则之一，要求我们共产党员要坚持以人民为中心，坚持人民主体地位，坚持立党为公、执政为民，践行全心全意为人民服务的根本宗旨，把党的群众路线贯彻到治国理政全部活动之中，把人民对美好生活的向往作为奋斗目标，依靠人民创造历史伟业。我们党来自人民、植根人民、服务人民，党的根基在人民、血脉在人民、力量在人民。全心全意为人民服务是我们党的根本宗旨。“立党为公、执政为民”是我们党的执政理念，实现好、维护好、发展好最广大人民的根本利益是我们党一切工作的出发点和落脚点。作为新时代的共产党员，特别是党员干部，要时刻牢记公仆身份，牢记党的根本宗旨，始终坚持权为民所用、情为民所系、利为民所谋，实实在在干事，切切实实让人民群众过上好日子。

牢记党的责任担当。习近平总书记指出："是否具有担当精神，是否能够忠诚履职、尽心尽责、敢于担责，是检验每一个领导干部身上是否真正体现共产党人先进性和纯洁性的重要方面。"显然可见，敢于担当是我们党员干部应有的品质和责任。党的二十报告指出："从现在起，中国共产党的中心任务就是团结带领全国各族人民全面建成社会主义现代化强国、实现第二个百年奋斗目标，以中国式现代化全面推进中华民族伟大复兴。"要实现我们党的奋斗目标，就必须要有担当精神，肩负起时代赋予共产党员的责任。如果党员特别是党员干部缺乏担当精神，扮演"老好人"，做"太极高手"，见困难就缩，见问题就推，见矛盾就躲，就难以完成党和人民赋予的使命。因此，作为新时代的共产党员，我们要有"夙夜在公、勤勉工作"的担当精神和"昼无为、夜难寐"的事业心，时刻牢记自己的使命和职责，牢记组织和群众的重托、期盼，守土有责，守土尽责，殚精竭虑，孜孜不倦，为党分忧，为民谋利，勤政为民。

牢记党的纪律规矩。党的二十大报告指出："全面建设社会主义现代化国家、全面推进中华民族伟大复兴，关键在党。我们党作为世界上最大的马克思主义执政党，要始终赢得人民拥护、巩固长期执政地位，必须时刻保持解决大党独有难题的清醒和坚定。全党必须牢记，全面从严治党永远在路上，党的自我革命永远在路上，决不能有松劲歇脚、疲劳厌战的情绪，必须持之以恒推进全面从严治党，深入推进新时代党的建设新的伟大工程，以党的自我革命引领社会革命。"我们党作为拥有 9800 多万党员的执政党，是最讲纪律、最讲规矩的执政党。党的纪律规矩是我们每个党员必须遵守的行为准则。党的十八大以来，在全面从严治党的高压态势下，从许多被打掉的“老虎”“苍蝇”案例中，从一个个落马官员的痛心忏悔中，告诫每个党员如果不讲纪律、不讲规矩，那就危在旦夕。因此，作为新时代的共产党员，我们每个党员都要从学习党章入手，时刻牢记党的纪律规矩，时刻遵循党的纪律规矩，不碰“红线”，不越底线，胸怀敬畏，心系群众。时刻以党的纪律规矩为准绳，认真履行自身的职责义务，努力做忠诚干净担当、务实为民清廉、全面从严治党的先锋和表率。

第二章　党员成长篇

党员成长篇包括入党积极分子的培养、发展对象的培养、预备党员的成长以及正式党员的成长。

第一节　入党积极分子培养篇

一、什么是入党积极分子

入党积极分子，主要是指那些已经向党组织正式提出入党申请，经党小组（共青团员经团组织）推荐、支部委员会或支部大会讨论研究，被列为培养教育和考察的对象。

二、入党积极分子的条件是什么

二十大党章规定：“年满十八岁的中国工人、农民、军人、知识分子和其他社会阶层的先进分子，承认党的纲领和章程，愿意参加党的一个组织并在其中积极工作、执行党的决议和按期缴纳党费的，可以申请加入中国共产党。”这是确定入党积极分子的基本条件。

另外，作为在校的大学生，入党积极分子还须认真思考明辨下述的问题，并在学习、生活和工作中正确地遵循和践行：

1. 认真思考“你的入党动机是什么”“作为入党积极分子，你应该在广大同学中发挥怎样的作用”“作为一名合格的入党积极分子，如何将个人的成长成才融入国家的发展建设中”这三个问题。

2. “勤学、修德、明辨、笃实”是每一个青年大学生应该具有的基本品质，作为一名合格的入党积极分子关键要把这些品质落到实处，从生活学习的点滴小事做起，如宿舍卫生清洁一些、遵守课堂文明、参加志愿服务活动、多关心他人、给别人一个微笑，等等。还应该带头积极践行社会主义核心价值观。

3. 在学习好专业知识和政治理论的基础上，要将党的思想内化于心外化于行，以正式党员的标准严格要求自己。

4. 在身体力行做同学榜样的同时，要多想一点、多学一点、多做一点，时时处处、随时随地不忘自己是入党积极分子，吃苦在前、享乐在后，不忘初心、牢记使命，全心全意为人民服务，为党的事业奋斗终生。

5. 作风正派，团结同志，遵纪守法，能够开展批评与自我批评，敢于同不良现象做斗争，在群众中有一定威信。

6. 本人政治历史清楚。

三、确定入党积极分子的程序是什么

入党积极分子的确认需要经过以下程序：

1. 入党申请人提出书面申请。

2. 党小组或团组织向党支部推荐。

3. 党支部认真听取有关方面意见。

4. 党支部委员会经过认真衡量和审议，确定入党积极分子，并报上级党组织备案。

5. 基层党委接到党支部上报备案的入党积极分子名单后，如无不同意见，应及时向党支部下发《入党积极分子培养考察登记表》，由党支部对入党积极分子进行培养考察并做好登记。

6. 确定入党积极分子工作一般应每年开展两次，分别于年中发展党员计划调整前和年末制订次年发展党员计划前，根据入党积极分子队伍状况和变化情况进行，使入党积极分子队伍成为动态体系，做到有进有出，有增有减。

四、入党积极分子应接受哪些内容的教育

党组织要对要求入党的积极分子进行邓小平理论、“三个代表”重要思想、科学发展观、习近平新时代中国特色社会主义思想的教育，党的基本知识和党的基本路线的教育，以及党的优良传统和作风教育。使入党积极分子懂得党的性质、纲领、指导思想、宗旨、任务、组织原则和纪律，懂得党员的义务和权利，懂得党在现阶段的总任务。帮助入党积极分子端正入党动机，确立为共产主义事业奋斗终生的信念。这就是教育的基本内容和基本要求。具体说，教育内容有以下五点：

1. 马克思列宁主义、毛泽东思想、邓小平理论、“三个代表”重要思想、科学发展观、习近平新时代中国特色社会主义思想的教育。党组织要通过组织入党积极分子集中学习和要求自学等方式，对其进行马克思列宁主义、毛泽东思想、邓小平理论、“三个代表”重要思想、科学发展观、习近平新时代中国特色社会主义思想的教育，用中国特色社会主义理论体系和习近平新时代中国特色社会主义思想武装头脑，使其了解社会发展的客观规律，学会用马克思主义立场、观点和方法观察问题和处理问题。

2. 党的基本知识教育。对入党积极分子进行党章和党的建设理论的教育，使他们明确党的性质、党的指导思想、党的纲领和党的路线、党的领导、党员标准、党的组织原则和纪律等，并且能够自觉地按照党章要求落实到行动。

3. 党的基本路线和方针、政策教育。党组织通过对入党积极分子进行教育，使入党积极分子掌握好“一个中心、两个基本点”的基本路线，正确理解党的路线、方针、政策，并在实际行动中自觉贯彻执行。

4. 共产主义理想和革命人生观教育。加入党的组织，就要为共产主义事业奋斗终生。党组织要教育入党积极分子树立远大的共产主义理想和正确的人生观，使他们明确入党目的、端正入党动机。

5. 怎样争取做一名共产党员的教育。为了使入党积极分子能早日成为一名共产党员，党组织要针对积极分子的实际情况，进一步进行党员标准教育，以及怎样努力争取加入党组织的教育，使他们明确自己的努力方向。

五、对入党积极分子如何进行考察

党组织对要求入党的积极分子进行考察，一般每半年一次，主要内容包括入党积极分子平时参加教育培训、听党课、参加党的活动等具体情况，并按实际情况填入《入党积极分子培养考察登记表》。

六、自主管理目标

入党积极分子每学期初制定自主管理目标及措施，即制定思想、学习、工作目标及实施方案。每学期期中进行自我检查，期末进行总结。自主管理目标均交由所在支部的支部书记或者副书记确认并签字盖章。

第二节 发展对象培养篇

一、发展对象应该具备的条件

确定入党积极分子为发展对象，一般必须具备以下条件：

1. 应经过党组织一年以上的培养、教育和考察。培养、教育和考察的时间不到一年的，除个别表现特别突出者外，一般不宜过早确定为发展对象。

2. 规定的教育内容基本完成。《中国共产党发展党员工作细则》规定，党组织要对要求入党的积极分子进行党的基本理论、基本路线、基本知识等内容的教育。未进行上述内容教育，对党的基本理论、基本路线、基本知识不了解或知之甚少的，不能被确定为发展对象。

3. 基本具备党员条件。入党积极分子确定为发展对象前，必须符合党章规定的党员条件。对先进性不明显、群众威信不高、不具备党员条件的，不能确定为发展对象。

二、确定发展对象的程序

确定入党积极分子为发展对象，一般有以下程序：

1. 党支部详细听取党小组、培养联系人对入党积极分子培养、教育和考察情况的汇报，听取党内外有关群众的意见。

2. 所在党支部召开支部会议，讨论研究发展问题，提出意见。

3. 团组织推荐优秀团员入党（限共青团员）。

4. 党支部综合各方面的反映和意见讨论决定，并报上级组织审议。

三、对发展对象的管理考察

积极分子确定为发展对象后进入党组织考察阶段，考察通过才可被发展为预备党员。学生党员发展要从思想、生活、学习、工作等多个方面考察。

1. 思想上。作为一名发展对象，首先要端正入党动机，思想上的入党是行动入党的前提。在各种情况下都能坚定自己的立场，与党中央保持高度一致。平时能认真学习马列主义、毛泽东思想、邓小平理论、“三个代表”重要思想、科学发展观、习近平新时代中国特色社会主义思想等党的重要理论知识，能积极关心国家时事政治。

2. 学习上。发展对象作为先进分子，更应该严格要求自己，端正学习态度，明确学习目标，在专业学习上下功夫，确保功课没有不及格，在学习上能与同学互帮互助。

3. 工作上。发展对象在各方面都要起表率作用，协助教师做好各项工作，富有集体主义感，能够明确集体利益大于个人利益，成为教师、同学的桥梁。

4. 生活上。发展对象应该用党员的标准严格要求自己。平时能够很好地团结同学，在同学中能建立起良好的群众基础，在宿舍内务方面起到带头作用，生活上不铺张浪费，遵守学校各项规章制度，积极参与学校活动。

四、发展对象自主管理要求

1. 思想上的表率。只有思想到位，才能行动到位。首先，发展对象的先锋模范作用体现在思想政治立场要坚定、旗帜要鲜明上。发展对象应带头提高党性修养和思想素质，坚持真理，认真学习马列主义、毛泽东思想、邓小平理论、“三个代表”重要思想、科学发展观、习近平新时代中国特色社会主义思想，积极向广大同学宣传党的理论、政策、纲领，关心国家大事，主动联系同学，在思想政治上带动同学共同进步。其次，发展对象要结合当前时代主题和学校具体实际情况，以形式多样的活动为有效载体，在同学中发挥思想政治上的表率作用，成为思想政治教育的辅导员、党的路线方针政策的传播员。

2. 学习上的标兵。发展对象履行全心全意为人民服务宗旨首要的一条，就是在“创建学习型社会”中起表率作用，完成好学习任务。如果学生荒废了自己的学业，学习成绩一塌糊涂，那就无从谈起做学生的标兵了，即使有为人民服务的信念，也不可能成为一名合格的社会建设者。这就要求大学生发展对象不仅要有明确的学习目的、端正的学习态度，还要有良好的学习方法、较高的学习效率；不仅要认真学习好本专业的知识，还要学习好相关专业的知识，不断拓宽知识领域的深度和广度，完善自己的知识结构；不仅要能够吸收已学的文化知识，还要刻苦钻研，善于思考、不断总结、勇于创新。

3. 生活上的榜样。学生宿舍既是学生生活的重要场所，也是课堂之外对学生进行思想教育的最主要基地。发展对象带头树立良好的生活作风必须从身边的小事做起，从个人的生活作风做起。首先，发展对象要带头搞好宿舍内务，美化好环境，努力营造积极向上、整洁优雅的学习和生活环境，争创“文明寝室”。其次，养成良好生活习惯，杜绝违纪违规行为，自觉抵制腐朽生活方式的侵蚀。最后，要关心和帮助他人。关心和帮助有困难的同学，做同学的知心朋友，主动了解困难同学的思想、心理、学习、生活和家庭情况，尽心尽力帮助困难同学，鼓励困难同学牢固树立热爱生活的信心。

4. 工作上的典范。发展对象的先进性不仅仅是一种思想境界，更是在实践中的积极参与及奉献行为。大学生发展对象不仅应成为学习的标兵，更应成为学生工作的桥头堡和排头兵。班级中的发展对象无论是否担任班干部，都应该在工作上积极主动，以满腔的工作热情为同学全心全意地服务，主动承担党支部、团组织的工作。学生发展对象的模范作用要做到坚持集体利益高于个人利益，热爱学校，关心集体，顾全大局，主动带领全体同学共同建设和谐向上的集体。

五、自主管理目标

发展对象每学期初制定自主管理目标及措施，即制定思想、学习、工作目标及实施方案。每学期期中进行自我检查，期末进行总结。自主管理目标均交由所在支部的支部书记或者副书记确认并签字盖章。

第三节　预备党员成长篇

一、预备党员管理办法

创先争优是党的基层组织建设的基础工程和永恒主题。为加强对学生党员预备期的培养、教育和考察，把好入口关，全面提高党员基本素质，切实增强党员先锋模范作用的发挥，根据《中国共产党章程》和组织发展工作有关规定，特制定本办法。

第一条　具备以下条件的预备党员，支部大会可讨论其按期转正：

1. 预备期满前，本人向党组织提出书面转正申请。

2. 预备党员在预备期内，能认真履行党员义务，正确行使党员权利，在学习、工作、生活中能起到党员先锋模范作用，学生党员经班级民意测验，得到多数同学肯定（到会人数应达本班人数的80%以上，半数以上到会人同意）。

3. 学生党员在预备期内，无不及格课程。

4. 预备党员在预备期内，获得校优秀学生奖学金或优秀学生干部称号，或者学习成绩名次在全班人数的50%以内（包括50%），且符合下列条件之一者：

（1）预备期内，积极参加全校性集体活动，并为学院赢得荣誉；

（2）预备期内，积极发挥个人专长和作用，在校、院组织的集体活动中表现突出、起到重要的组织或核心作用，并顺利完成组织交给的任务；

（3）预备期内，学生干部能认真履职，热心为集体或公益服务，积极营造团结奋进、健康和谐的学习、工作氛围，倡导社会主义新风正气，敢于和歪风邪气做斗争，确保职责内各项工作顺利开展，无重大工作失误或失职；

（4）预备期内，能坚持积极承担学院与班级公益工作任务，受到师生一致肯定；

（5）预备期内，获得其他校级（含校级）以上表彰奖励。

5. 在预备期内，无任何违法和违反校纪的行为。

第二条　预备党员在预备期间有下列情况之一者，延长预备期：

1. 入党时有某些缺点，在预备期间转变不明显，不完全具备党员条件，但本人愿意继续接受党组织的教育和考察，决心按照党员标准去做的。

2. 入党时基本具备党员条件，但入党后不能严格要求自己，思想、工作、学习等方面出现一些较严重的缺点（如不能及时向党组织汇报思想，不积极承担党组织安排的工作，学习不努力，不符合本规定之按期转正条件），经党组织指出后愿意改正的。

3. 入党后犯了一般性错误，本人检查认识深刻，下决心改正错误的。

4. 预备期满，不按时提交转正申请的，经讨论可采取延期转正。

5. 预备期间不按时缴纳党费和思想汇报的，经讨论可采取延期转正。

6. 预备期间学习、工作不积极，上课、开会经常迟到或无故不参加累计达3次以上者，经讨论可给予延期转正。

第三条　预备党员在预备期间有下列情况之一者，取消预备党员资格：

1. 经过延长预备期的教育考察，仍不具备党员条件的。

2. 预备期满未提出转正申请，经党组织提醒仍不提出转正申请。

3. 有严重地违反校纪行为。

4. 触犯国家法律。

二、预备党员的接收和预备党员的教育考察转正流程

1. 预备党员的接收。根据《百色学院发展党员工作流程（修订）》，严格按照支部委员会审查、上级党委预审、填写入党志愿书、支部大会讨论、上级党委派人谈话、上级党委审批等程序进行。

2. 预备党员的教育考察和转正。根据《百色学院发展党员工作流程（修订）》，严格按照编入党支部和党小组、入党宣誓、继续教育考察、提出转正申请、支部大会讨论、上级党委审批、材料归档等程序进行。

三、自主管理目标

预备党员每学期初制定自主管理目标及措施，即制定思想、学

习、工作目标及实施方案。每学期期中进行自我检查，期末进行总结。自主管理目标均交由所在支部的支部书记或者副书记确认并签字盖章。

第四节　正式党员成长篇

一、正式党员管理目标

1. 认真学习党的基本知识和马克思列宁主义、毛泽东思想、邓小平理论、“三个代表”重要思想、科学发展观、习近平新时代中国特色社会主义思想，学习党的路线、方针、政策及各项重要决议，坚定共产主义信念，坚持社会主义方向，提高党性修养，增强自身党性；积极参加学校、院（系）组织的各种有关理论培训；加强政治理论的自学。

2. 刻苦学习业务文化知识，学习态度端正，杜绝学习科目不及格现象，学习成绩应达到本班中等以上水平，能以自己的实际行动影响和带动周围同学的学习，积极营造本宿舍、本班级的良好学习风气。

3. 组织观念强，服从党组织的各项工作安排，积极完成党组织交给的各项工作任务，认真参加党组织各项活动，积极开展批评与自我批评；正确行使党员的权利和义务；按时缴纳党费。

4. 把党和人民的利益放在首位，个人利益服从于集体利益；能用实际行动正确处理好个人与国家、学校及班级集体的关系；关心集体，积极参加各项集体活动和公益劳动。

5. 密切联系群众，主动向群众宣传党的主张，接受群众的监督，积极主动地做好群众工作；从学习、生活、思想等方面热情帮助其他同学；主动做好党支部所交给的入党积极分子联系人的工作。

6. 工作主动，责任心强，富有创新精神；能坚持理论联系实际，自觉提高工作水平，培养独立承担工作的能力。

7. 发挥桥梁纽带作用，及时向党组织反馈学生中的热点问题及各种思想状况，为学校、学院学生工作或班级工作调查研究提供信息、出谋划策。在一些突发事件发生时能迅速向老师及有关部门反映情况并且能正确引导学生的舆论，做好基本的稳定工作。

8. 严于律己，自觉维护党员形象，在大是大非面前坚定正确的立场。综合表现突出，在同学中有较高的威信，受到学校、学院党政组织的表彰或好评。

二、正式党员管理办法

正式党员违反党纪国法、校规，应视其情节轻重给予党内批评教育、通报批评、警告、严重警告、记过、留党察看及开除党籍处分。

1. 有以下情形之一者，给予党内批评教育或通报批评：

（1）违反校规被学校警告或严重警告处分；

（2）所在宿舍（或班级）同学出现重大违反校规校纪的情况，知情不报或包庇当事人故意隐瞒真相。

2. 有以下情形之一者，给予党内警告处分或严重警告处分：

（1）违反校规被处以记过处分；

（2）参与非法集会、游行、示威等活动。

3. 有以下情形之一者，给予党内记过或留党察看处分：

（1）违反校规被处以留校察看处分；

（2）组织非法集会、游行、示威等活动；

（3）触犯国家法律，被公安机关拘留、审查。

4. 有以下情形之一者，给予开除党籍处分：

（1）违反校规被处以开除学籍处分；

（2）触犯国家法律，被劳动教养或判刑；

（3）组织、煽动群体骚乱事件，参与策划非法集会、游行、示威等活动，情节恶劣。

三、自主管理目标

正式党员每学期初制定自主管理目标及措施，即制定思想、学习、工作目标及实施方案。每学期期中进行自我检查，期末进行总结。自主管理目标均交由所在支部的支部书记或者副书记确认并签字盖章。

第三章 党支部及党员管理篇

党支部及党员管理篇包含党支部管理办法、党员违纪行为和处分办法及毕业生党员管理办法。

第一节 党支部管理办法

一、总 则

第一条 为加强对学生党员的教育和管理，维护党的章程和其他党内法规，严肃党的纪律，纯洁党的组织，教育党员遵纪守法，模范执行校纪校规，充分发挥学生党员的先锋模范作用，根据党章党规党纪和《百色学院学生手册》，结合支部建设的实际情况，特制定本办法。

第二条　本办法的任务是进一步提高支部学生党员的思想政治素质，增强学生党员的组织纪律观念和服务意识，不断发挥党员的先进性。加强学生党支部建设和规范学生党员的管理，进一步发挥党支部的战斗保垒作用和党员的先锋模范作用。

第三条　本办法适用于学生党支部全体党员（含发展对象和预备党员）。

二、党支部建设日常考勤办法

为建设好院（系）学生党支部，加强支部党员的制度化管理，加强支部党员纪律性，提高支部党员素质，推进支部全面开展党员“创先争优”活动，结合院（系）党支部的实际情况，特制定本办法。

第四条　本办法主要用于支部党员的日常考勤及实验室值班考勤，设定满分为 100 分，执行周期为一个学期，根据党员平时参加支部会议、活动及实验室值班情况、完成支部工作计划等的考勤来确定扣分情况，最终根据党员的最后得分来给党员评级，分别为优秀（85~100 分）、良好（70~84 分）、及格（60~69 分）、不及格（60 分以下）。扣分项根据以下扣分细则来执行。

第五条　扣分细则

（一）党支部会议

1. 无故不参加党支部会议，每次扣 2 分；

2. 参加党支部会议无故迟到，每次酌情扣 0. 5~1. 5 分；

3. 因事不能参加支部会议，会前未履行好请假手续，会后补假者每次扣 0. 5 分；会后仍不履行请假手续者属旷会行为，每次扣 2 分。

4. 穿拖鞋或背心参加支部会议，每次扣1分。

5. 累计不参加支部会议达三次以上（含请假、旷会）者，酌情扣4~6分。

（二）支部活动

1. 无故不参加上级党组织或支部开展的活动，每次扣3分。

2. 因事不能参加上级党组织或支部开展的活动，经调查情况属实，于会前未履行好请假手续者不予以扣分，会后补假每次扣1分；不履行请假手续者属无故不参与活动，每次扣3分。

3. 参加活动时不听从组织安排，带头违反秩序者，每次酌情扣2~5分。

4. 累计不参加支部活动达三次以上（含请假、无故缺席），酌情扣4~7分。

（三）支部工作

1. 没有按时完成支部安排的相关工作任务，每次酌情扣2~7分。

2. 作为下班党员，没有履行好下班党员职责，对班级工作不了解的，每次酌情扣4~10分。

3. 支部接到同学反映，下班党员工作不负责，调查属实者，每次扣5分。

4. 党员发展工作不认真，没有按照要求完成工作的，酌情扣2~5分。

5. 参加活动没有按时按要求上交活动心得的，每次酌情扣1~3分。

6. 院（系）级或者院级卫生检查不合格的宿舍，含党员者，党员每次扣3分。

7. 没有起到党员带头作用，有无故旷课、不参加升旗等不良记录者，每次扣3分。

8. 期末考试不合格，补考者每门扣5分，重修者每门扣7分。

9. 阻挠教学、管理工作人员以及学生干部开展工作，经批评教育后仍不悔改者，每次酌情扣7~10分。

10. 违反支部纪律管理制度相关条例的酌情扣分。

第六条　执行

1. 本办法由信息工程学院学生党支部制定，执行机构为信息工程学院学生党支部。

2. 党支部对支部成员进行监督，如有发现违反制度相关细则，将酌情对其进行扣分。

3. 党支部每学期期末对支部每位党员的考勤总成绩进行量化统计，并为每位党员进行评级。

4. 党支部在每学期的支部总结会议上对每位党员的本学期考勤成绩给予公开，对成绩不合格的同志给予相应扣分处罚。

5. 支部成员若对本制度的执行存在异议可向支部反映。

6. 每学期进行支部党员“先进分子”评选，每位党员的期终考勤成绩作为评选的重要依据之一。

7. 支部预备党员如在预备期间的期终考勤成绩低于良好，支部将考虑是否将对其延期转正。

第七条　附则

1. 本办法自颁布起执行。

2. 信息工程学院学生党支部对本办法持有解释权。

三、下班党员管理办法

第八条　支部实行下班党员制度，支部成员（包括预备党员和正式党员）都有义务下到班级作为下班党员，通过下班考查方式对党员进行考察。

1. 下班党员要严格履行自身义务，作为下班党员，应当时刻关心班级动态，发现问题，及时解决、及时上报。

2. 支部召开转正会议前，下班党员需向预备党员所带班级征求意见，作为预备党员转正的依据。

3. 每个月支部会议上，每个下班党员需向支部汇报下班情况，并于当月 28 号向支部上交下班总结。

4. 支部月末随机抽取班级进行下班党员下班情况调查，对于下班情况反映不好的下班党员，在支部会议上给予批评教育。

四、党员自主管理要求

第九条　要有较高的思想觉悟。党员在思想觉悟上高于群众，做到“五有”：一是有坚定的理想信念。把共产主义理想信念深深扎根于自己心中，把树立远大理想与实现本集体、本人的目标结合起来，以本集体、本人的小目标的实现来为实现社会主义现代化建设的大目标做出贡献。二是有牢固的党纪观念。自觉遵守党的政治和组织纪律，立场坚定、旗帜鲜明，在思想上、政治上、行动上与党中央保持一致，自觉接受组织的管理和群众的监督，不说无原则的话，不做无原则的事。三是有高尚的人格品质。要始终保持崇高的气节，对党忠诚、言行一致，诚实守信，廉洁自律，淡泊名利，一身正气，主持公道，乐于助人。四是有较强的奉献意识。不计个人得失，顾全大局，个人利益服从集体利益，切实为广大群众排忧解难。五是有昂扬的进取精神。奋力开拓，不畏挑战，大胆探索，不断创新，始终站在时代的前列；要做好广大群众的思想政治工作，做好沟通、开导、解释工作，维护稳定，努力调动群众的积极性。

第十条　要有明显的模范作用。党员要做好先锋模范带头作用，带头履职尽责，工作学习上认真刻苦，在精神状态、能力素质、工作业绩、贡献付出、开拓创新等方面有明显的带头作用，无论是普通学生还是学生干部，都能成为集体标兵、榜样。

共产党员应发挥好以下“四个作用”：一是要发挥好示范作用。增强责任感和使命感，做脚踏实地的实干家和开拓者，以自己的模范行动，树立共产党员的良好形象。二是要发挥好骨干作用。为院（系）集体工作分忧解难。三是要发挥好带头作用。无论是在生活、学习、工作等方面，都能带头做先锋，做到“四个敢于”：敢于领先、敢于服从、敢于承担、敢于奉献。四是要发挥好桥梁作用。要把党组织方针、政策和决议及时向广大同学宣传、解释，并把广大同学的意见和愿望及时向党组织反映，努力解决同学的实际困难；受客观条件限制不能解决的，及时解释清楚，使自己成为紧密联系党组织和群众的纽带。

五、党员自主管理的基本步骤

第十一条　自主承诺。党支部在学院党委（党总支）指导下，结合支部实际，制定本支部保持党员先进性具体要求和支部纪律相关条例。党员参照具体要求和纪律条例，结合自身岗位、所处环境、个人特长等情况，制定个人保持先进性阶段目标，经党支部审核后以承诺形式向广大同学群众公开，作为学生党员自主管理的依据。自主承诺一般以每一个学期作为一个周期。

党员自主承诺内容要结合实际情况，避免千人一面。所有学生党员要突出践行科学发展观、密切联系群众、从实际出发、结合专业等方面，从生活、学习、工作中发现问题，做出自主承诺。要保证承诺在同学之间能起到榜样示范的作用，充分发挥党员在群众中的先锋模范带头作用。

第十二条　自主履责。学生党员对照个人承诺，通过加强政治理论知识学习、专业学习上刻苦努力、生活中联系服务群众、积极参与公益活动等方式，逐项践行承诺内容。党员要紧密围绕工作学习和党员群体职责定位，充分利用各种基层党建形式和载体，结合生活学习中的实际情况开展争先创优、服务群众等活动，在日常工作生活中发挥先锋模范作用，将自主履责落实到位。

第十三条　自主检查。在自主履责过程中，党员要自主检查评估个人承诺目标完成情况、存在差距，督促自己不断努力，确保达到合格党员标准，力争做到更好，争做优秀党员。党员要定期主动将自主管理过程和自主承诺目标完成情况向党支部书记汇报。

第十四条　集体评议。党支部在期末的支部总结会议上，组织党员向支部汇报自主承诺完成情况，组织支部党员互相评议。党支部综合党员评议结果，征求党内外群众意见，按照“优秀、良好、合格、不合格”四个等级对党员进行评级，对优秀的党员给予支部表彰；对于不合格的党员，支部大会给予批评指正。

六、党员工作职责

第十五条　支部书记的责任

1. 负责召集支部委员会和党员大会。

2. 制订支部工作计划并组织实施。

3. 做好基层服务型党组织建设工作。

4. 抓好支部委员会自身建设，严格党的组织生活，按时召开支部组织生活会。

5. 做好党员教育管理工作，充分调动党员的积极性、主动性和创造性。

6. 经常与支部委员会其他委员交流思想和工作情况，支持他们根据集体的决定和分工，切实履行自己的职责。

第十六条　支部副书记的责任

1. 协助支部书记做好支部日常工作。

2. 协助支部书记，做好联系服务群众工作，加强基层服务型。

3. 协助支部书记，健全支部组织生活制度，严格支部组织生活。

4. 协助支部书记，做好服务党员工作，保障党员的民主。

第十七条　支部组织委员的责任

1. 指导培养联系人填写《入党积极分子培养考察登记表》。

2. 负责对发展对象进行考察、政审，召开群众座谈会征求意见，并按要求分别形成文字材料，把结果如实向支部汇报。做好发展对象和预备党员转正前的公示工作。

3. 负责做好接收预备党员和预备党员转正的有关准备工作，做好会议记录，并及时将支部大会表决结果和支部大会决议填入《入党志愿书》，连同其他入党材料报党总支审查、审批。

4. 及时收集支部党员的各种材料、党费。

第十八条　培养联系人的责任

1. 经常找入党积极分子谈心，了解他们的思想、工作、学习等方面的情况，指出存在的问题，鼓励和帮助他们发扬优点、克服缺点，积极进取，端正入党动机。

2. 经常向党支部汇报入党积极分子的成长情况，定期对入党积极分子进行考察，填入《入党积极分子培养考察登记表》相关栏目，并及时向支部提出加强培养教育的措施和意见。

3. 在入党积极分子具备入党条件时，及时向党支部提出将其列为发展对象。

第十九条 入党介绍人的责任

1. 认真了解被介绍人对党的认识和入党动机，了解其政治觉悟、思想品质、工作表现、个人经历、家庭成员和主要社会关系等情况。

2. 对被介绍人进行党的基本知识和党的基本路线教育，向被介绍人解释党的纲领、章程，说明党员的条件、义务和权利。

3. 实事求是地提出被介绍人的缺点和不足，帮助被介绍人提高对党的认识、端正入党动机。

4. 指导被介绍人填写《入党志愿书》，并在志愿书相关栏目中认真填写介绍人意见。在讨论接收预备党员的支部大会上，如实向支部大会介绍被介绍人的情况。

5. 被介绍人被党组织批准为预备党员后，介绍人继续对其进行教育，帮助其克服缺点，不断提高觉悟。

第二十条 新生寝室联系人的职责

1. 党员下寝室，要注意自己的言行举止。

2. 介绍党组织、介绍自己，同时可以留下自己的联系方式，以便联系。

3. 及时了解新生的入学感受以及在大学的打算，解答一些疑问，能对新生提供一些好的建议。

4. 增强新生学习本专业的兴趣，介绍本专业的特色，多交流历届毕业生的就业情况。

5. 在大学生活规划中起到好的引导作用，提供经验、提供力所能及的帮助。

6. 指导督促新生创建文明寝室，形成良好的寝室氛围，促进优良学风、院风的建设。

7. 每个党员每学期开学初、期中、期末必须各下趟寝室，其余时间视情况而定。务必与自己所联系的寝室的同学多交流，了解他们的想法和学习情况，出现问题的，要及时向党支部做书面或口头汇报，之后把记录汇总报到党总支。

第二十一条　责任要求

各级党组织要高度重视发展党员工作，贯彻落实一级抓一级、一级促一级的目标责任制。对在发展党员工作中没有认真履行职责、不履行规定程序和要求发展党员，存在省略或简化程序、突击发展、考察材料失实、应付等现象的，将根据不同情况追究主要责任人以及有关责任人的责任。

第二节　违纪党员处理办法

第一条　处理的种类

1. 支部内通报批评。

2. 报上级党组织处分。

第二条　学生党员出现以下违纪行为，须在学生支部党员大会上做检讨并给予通报批评处分。

1. 违反学校日常管理规定。

2. 违反信息工程学院学生党员管理办法。

3. 有影响学校的教学、管理工作人员以及学生干部开展工作的言行，经批评教育后仍不改正。

4. 拒绝配合教学、管理工作人员以及学生干部开展寝室卫生检查、开展集体活动等工作。

5. 不能按时完成组织安排的各项工作任务。

6. 无故不参加支部会议，不请假。

第三条 学生党员出现以下违纪行为报上级党组织给予处分。

1. 违反学校日常管理规定，受通报批评处分。

2. 阻挠教学、管理工作人员以及学生干部开展工作，经批评教育后仍不改正。

3. 故意撕毁学校各级组织、群众团体的决定、公告等张贴物及其他扰乱学校教学、工作和生活秩序的行为。

4. 未经允许，留宿外来人员或通宵不归宿，在学生宿舍留宿异性。

5. 在测验、考查、考试中舞弊（包括协同舞弊）。

6. 违反校纪校规，受到学校行政处分。

7. 在延长预备期期间，受通报批评以上处分。

8. 打架斗殴、寻衅滋事或以各种方式偏袒冲突一方，提供伪证，妨碍有关单位进行调查处理。

9. 违反国家法律、法令和地方法规，受到公安和司法部门处罚。

10. 有反对四项基本原则或反对党和国家现行路线、方针、政策的言论和行为。

11. 组织和参与非法组织，暗地串联、造谣惑众、煽动或参与危害学校和社会稳定的活动。

12. 有其他违纪行为。

第四条 本条例没有列举的其他行为，需要给予处分的，可参照本条例中有关条款给予处分。

第三节 毕业班党员管理办法

一、毕业班党员的管理要求

第一条 文明离校。作为毕业班的党员，应保证在毕业期间带领同学文明离校，不破坏公物、不酗酒、不闹事、不打砸物品、乱丢弃杂物，真正做到文明离校，为同学树立良好的榜样，为师弟师妹树立良好的形象。凡有违纪违法者，按相关规定处理。

第二条 感恩母校。为了感谢学校、院（系）及老师的培养，毕业生党员应在毕业前夕带领班级同学做好离校前的感恩工作，为学校或者院（系）做些有纪念意义的活动。

第三条 榜样作用。毕业生党员在临近毕业期间应做好班级与班级之间、同学与同学之间、舍友与舍友之间的协调工作，保证同学顺利毕业，不打架、不斗殴，发现问题应及时向院（系）或相关负责老师反映，做到大事化小、小事化了。

二、毕业生党组织关系转出流程（具体操作按照学校党委组织部的要求实行）

1. 每年5月，学校党组织部下发毕业生组织关系转出通知，各院（系）的毕业生党员按通知上的要求填写组织转向地点组织（一般为生源地党组织或工作所在地党组织）。

2. 各院（系）汇总检查，上报到学校党组织部，组织部审核无误，返回各院（系）毕业生党员作二次信息核对。

3. 学校党组织部根据学生党员所填写的组织关系，填写制作组织关系转出介绍信及回执联。

4. 各院（系）将学校党委组织部盖好章的组织关系转出介绍信

发给毕业生党员。

5. 毕业生党员携带介绍信到转入的党组织报到。

6. 毕业生党员将转入党组织的回执联（需盖章）返寄回学校党委组织部。

7. 各院（系）党支部根据转出情况，及时录入党组织关系系统。

三、毕业生党组织关系转出说明

1. 毕业生党员离校前原则上组织关系必须转出，毕业生党员党费统一交至毕业当年6月。

2. 对已经落实工作或学习单位的毕业生党员应将组织关系转到所去单位党组织。

3. 对所去单位无党组织的可将组织关系转到所去单位所在社区或街道办的党组织，也可随同报到证转移到县以上政府人事劳动部门所属的人才劳动服务机构。

4. 对尚未落实工作单位的毕业生党员可将党员组织关系转移到本人或父母居住地的乡镇、街道党组织，也可随同档案转移到县以上政府人事劳动部门所属的人才劳动服务机构党组织。

5. 毕业生党员拿到组织关系介绍信后必须在有效期内到拟转往党组织进行组织关系接转，要避免长时间把组织关系拿在手里而成为“口袋党员”。组织关系介绍信一旦遗失、过期，要在三个月内及时向学院党组织报告；因改派或接收方党组织变动需要更换介绍信的毕业生党员，要在有效期内将原介绍信交回学校党委组织部重新开具。

附件1　入党常用文书写法

一、怎样写入党申请书

入党申请书是要求入党的同志向党组织表明自己入党意愿的一份正式材料，有着一定的格式和要求。

（一）格式

1. 标题：一般在第一行中间写“入党申请书”。

2. 称谓：一般在第二行顶格写“敬爱的党组织或某某党支部”，并加冒号。

3. 正文：这是申请书的主要部分，一般写以下内容：

（1）为什么入党。主要写自己对党的认识、入党动机，表明入党愿望。

（2）自己的政治信念、成长经历和思想、学习、工作、作风等方面的情况。

（3）对待党的态度和决心，主要写自己应该如何争取加入党组织，表明自己要求入党的决心和今后学习、工作、生活等方面的打算。

4. 结尾：正文写完后，一般另起一行用“请党组织在实践中考验我”（空两格）等语句作为结束语，也可用“此致（空两格）”“敬礼!（换行，顶格）”等词语。

5. 落款：在结尾的右下方写上申请人的姓名，并在下一行注明申请的年月日。

6. 书写：申请书要用黑色碳素墨水书写，方格纸。要求字数在1500字以上。

（二）写入党申请书应注意的问题

1. 要认真学习党章，掌握基本精神，加深对党的性质、宗旨、任务，党员的权利、义务等基本知识的理解。

2. 要联系自己的思想实际谈对党的认识和入党动机，不要以旁观者身份一味评论别人。

3. 对党忠诚老实，向党组织反映真实思想情况。

4. 申请书应文风朴实、庄重，对于正文中各部分的内容可根据自己的实际情况掌握。

入党申请书

敬爱的党组织（或××党组织）：

（空两格）正文内容……

请党组织在时间中考验我！

此致

敬礼！

申请人：×××

××年××月××日

二、怎样写思想汇报

要求入党的同学应当经常向党组织汇报自己的思想，这对入党的同学来说，是增强组织观念、主动争取党组织的教育和帮助的需要；对党组织来说，则是及时了解入党的同学的思想、工作、生活等情况，加强对他们培养、教育和考察的需要。

（一）思想汇报的内容

思想汇报主要是写自己的思想情况，当然也要涉及工作、学习和生活等情况。思想汇报的具体内容，应根据每个人的不同情况而定。一般可以写以下几方面的内容：

1. 对党的路线、方针、政策或对党在一个时期的中心任务的认识，包括不理解的问题。

2. 完成某项重要任务后的收获和提高，以及存在的问题和经验教训。

3. 参加某项重要活动，或学习了某篇重要文章，或观看了某部重要影视片后，所受到的启发教育和体会。

4. 在平时的工作、学习和生活中，遇到的困难和矛盾、产生的想法，特别是个人利益与国家、集体利益发生矛盾时的思想。

5. 对本单位发生的重大问题、社会上的热点问题、国内外重大事件的认识和态度。

6. 其他需要向党组织汇报的问题。

（二）写思想汇报的要求及应注意的问题

1. 要实事求是。写思想汇报一定要真实地反映自己的思想，如有思想变化，应写出思想演变的过程。切忌东抄西摘，空话、套话连篇。

2. 要一分为二。思想汇报不能只写成绩、收获、进步和提高，也要如实反映自己的缺点和不足，以及对某些问题的模糊认识与疑惑，以便得到党组织的教育和帮助。

3. 要突出重点。每次思想汇报，一定要突出重点，不要事无巨细、面面俱到，避免写成流水账。

4. 最后可写上自己对党组织的请求和希望，也可以进一步表达自己入党的愿望和决心。

5. 思想汇报要用黑色碳素墨水书写，方格纸。要求字数在 1200 字以上。

> **思想汇报**
>
> 敬爱的党组织：
>
> （空两格）正文内容……
>
> 此致
>
> 敬礼！
>
> 汇报人：×××
>
> ××年××月××日

三、怎样写自传

自传，是自述生平和思想演变过程的文章。即把自己走过的生活道路、经历、思想演变过程等系统而又有重点地通过文字形式表达出来。自传是党组织全面地、历史地、系统地了解申请入党人的重要材料，是党组织审查吸收新党员必须具备的材料之一。

（一）自传的基本书写格式及内容

通常如下：

1. 标题。居中写“自传”。

2. 正文。主要内容包括：①个人基本情况。包括姓名、性别、民族、出生年月、籍贯、文化程度、参加工作时间、从事的职业及担任的职务、有何特长等。②个人经历。一般从小学或七周岁写起。要写明何时、何地在什么学校读书或从事什么活动；担任过什么职务；受过何种奖励或处分；何时、何地、何人介绍加入过何种进步组织、反动组织或封建迷信组织，担任任何职务，有何其他政治历史问题，结论如何；需要向党组织说明的其他问题等。③过去和现在的家庭主要社会关系的情况。每位成员都应写明姓名、称谓、单位、职业、职务、政治面貌等情况。④个人思想演变过程。这是自传的主体部分。一般结合自己的成长经历，分阶段地写明思想演变过程。⑤自传最后要提到对自己的认识、优缺点，还有同学对自己的意见。

3. 结尾。本人要署名和注明日期。一般居右书写姓名“×××”，下一行写上“××××年×月×日”。

（二）写自传应注意的问题

1. 要坚持实事求是的原则。要如实写出自己的经历，实事求是地评价自己。不夸大、不缩小、不编造、不隐匿，包括时间、地点都要写清楚。

2. 要从实际生活中总结经验教训。写自传不单单是实录生活经历，应从自己思想变化的分析中，明辨是非，把握方向。经验教训不要干干巴巴，要寓理于叙事之中。

3. 写自传不能等同于写“履历”。自传要求写得详细，可以是夹叙夹议，对主要经历、情节要交代得具体。既要避免只直述经历不触及思想，又要避免平铺直叙，重点不突出，记流水账似的写法。应当主次分明，简繁得当。

四、怎样写入党志愿

入党志愿是入党志愿书的一项重要内容，要根据自己的思想认识及其演变过程，实事求是地把自己对党的认识、态度、入党动机、优缺点及入党后的决心等写清楚。要突出重点，对自己思想演变影响较大的经历和时间要重点写，切忌事无巨细、流水账似的写法。

（一）入党志愿的主要内容

包括以下几个方面：

1. 对入党的态度。一般第一段要明确写出自己对入党的态度，即“我志愿加入中国共产党”。

2. 对党的认识。这部分主要包括：如何认识党的纲领和章程；如何认识党史，尤其是亲身经历过的重大历史事件；如何认识党的领导和现行的路线、方针、政策。

3. 入党动机、目的。一般讲，一个人最初的入党动机、目的不是单一的，而是各种因素的综合，往往有个从不端正到端正的过程。但是最终的、也是唯一正确的入党动机只有一个，那就是实现共产主义的理想，全心全意为人民服务。因此应对每一因素进行分析，写出达到最终正确入党动机的思想演变过程，必要时还要有一定的理论论述。

4. 结合大学生活谈自己的优缺点。要一分为二地看待自己的优缺点，并逐一做出深入的分析，要有发扬优点、克服缺点的决心和措施。

5. 入党的决心。填写入党志愿书只是申请入党的同志必须履行的手续之一，即使在组织上入了党，思想上是否入党还得看入党后的言行。因此在入党志愿书中还要表明自己有不被接受的思想准备、进一步努力的打算或者入党后的态度或决心等。

（二）写入党志愿应注意的问题

1. 在发展党员常用文书中，入党志愿书是唯一由党组织印发、申请入党人填写的材料。入党志愿有规定的篇幅，不能像其他材料那样可以不受字数限制地填写，为此，首先要注意字数。

2. 入党志愿要在“入党申请书”“思想汇报”“自传”等基础上进一步加工、提炼，字斟句酌，把自己最想向党组织表达的思想写出来。

3. 入党志愿要写得郑重、庄严、真诚。

五、怎样写转正申请书

转正申请，是预备党员在预备期满时向党组织提出转为正式党员的书面材料。

（一）转正申请书的基本书写格式及内容

1. 标题。一般为“转正申请书”，居中书写。

2. 称谓。即申请人对党组织或党支部的称呼，一般写“敬爱的党组织”。顶格书写在标题的下一行，后面加冒号。

3. 正文。主要内容包括：写明自己被批准为中共预备党员的时间及预备期满的时间。延长预备期的党员要写明什么时间被延长的，到什么时间延长期满以及延长预备期的原因，并向党组织请求转为中共正式党员。转正申请的主体部分是汇报自己在预备期间的表现情况。这部分应该写得全面、具体、详细。首先，从总的方面写自己入党后，在党组织的教育下，在提高思想政治觉悟、增强党性锻炼、解决思想入党问题等方面所取得的收获。其次，写明自己以党员标准要求自己，在政治、思想、工作、学习及发挥党员先锋模范作用等方面所取得的进步和成绩。最后，将自己入党时存在的缺点、现在克服改正得如何、还存在哪些不足等实事求是地写出来。尤其是延长预备期的要重点说明延长期间的缺点问题和改正情况。写明今后的努力方向。应该针对自己的缺点来写，最好制定出切实可行的具体措施。如果还有什么情况和问题在入党时没有向党组织讲明的，或在预备期发生了什么应该向党组织说明的问题，也应写清楚。

应向党组织表明愿意接受长期考验的态度。

4. 结尾。在转正申请书的最后，要署名和注明申请日期。一般居右书写“申请人×××”，下一行写上“××××年×月×日”。

转正申请一般应在预备期满之前主动交给所在党支部。

（二）写转正申请书应注意的问题

1. 转正申请书要适时写出，交给党组织太早、太晚都不行，一般在转正到期前一两周为好。

2. 转正申请书不能过于简单、概括，要体现思想进步的连续性。既要与预备期思想相联系，也要与申请入党过程、思想变化相联系，注意思想的深度。

3. 延长预备期后提出转正申请，在写转正申请书前还需要与党组织有关负责人正式谈话，征求意见。

附件 2　党员成长经历重大活动记录

姓名：　　　　　党支部：

时间、地点	内　容	负责人签名

续表

时间、地点	内　　容	负责人签名

填写内容说明：成长历程主要包括递交申请书的时间，转为中共预备党员的时间，转为中共正式党员的时间；重大活动记录包括下班党员考勤记录及院（系）、党支部活动等。

附件3　百色学院大学生党员先进性要求

一、政治过硬，坚定理想信念

1. 树立马克思主义的世界观、人生观和价值观，树立共产主义理想和中国特色社会主义信念。

2. 认真学习马列主义、毛泽东思想、邓小平理论、“三个代表”

重要思想、科学发展观、习近平新时代中国特色社会主义思想，认真学习党的路线、方针、政策，关心时事政治。

3. 要旗帜鲜明讲政治，牢固树立“四个意识”、始终坚定“四个自信”、坚决做到“两个维护”。坚持立德树人，积极践行社会主义核心价值观。

4. 在实践中自觉运用马克思主义的立场、观点和方法分析问题和解决问题，在大是大非问题上立场鲜明，服从大局，自觉维护学校和社会稳定。

5. 不断增强党员意识，树立全心全意为人民服务的宗旨观念，坚持实现自身价值与服务祖国人民的统一。

二、勤奋学习，坚持全面发展

1. 学习目的明确，学习态度端正，学习成绩优良，具有扎实的基础理论知识及较宽的知识面，努力做到德智体美劳全面发展。

2. 带头参加学术科技活动，具有创新意识和诚信观念，培养科学精神和人文精神，不断提高运用知识服务社会的本领。

3. 带头做好自我教育、自我管理、自我服务，主动配合学校做好学生党建和思想政治工作，充分发挥党员先锋模范作用，团结带领同学共同进步。

4. 带头参加社会实践，在实践中受教育、长才干、做贡献。

三、纪律严明，增强党性修养

1. 执行党的决定，服从组织分配，积极完成党组织交给的各项任务。

2. 积极参加党的组织生活和各项政治活动，敢于开展批评与自我批评，正确对待组织和群众的批评，及时纠正缺点和错误。

3. 正确行使党员权利和义务，关心党的建设，通过正常渠道向党组织表达个人意见、反映学生要求。

4. 自觉遵守党的纪律，保守党和国家的秘密。

四、知行合一，培养高尚情操

1. 理论联系实际，学以致用，言行一致，表里如一。

2. 密切联系群众，做同学的知心朋友，倾听同学意见，帮助同学解决困难，维护同学正当权益。

3. 诚实守信，不在学业考试、科学研究等方面弄虚作假。

4. 模范遵守社会主义道德规范，艰苦奋斗，不骄不躁，自强不息，自觉抵制拜金主义、个人主义和享乐主义的侵蚀。

5. 严格遵守大学生行为准则，做弘扬社会主义精神文明的模范，认真学习并严格遵守《百色学院学生手册》，做校风学风、校园文明的表率。

附件4：百色学院发展党员工作实施细则（修订）（具体内容略）

附件5：百色学院发展党员工作流程（修订）（具体内容略）

附件6：中国共产党廉洁自律准则（具体内容略）

参考文献

著作：

［1］毛泽东．毛泽东选集：第四卷［M］．北京：人民出版社，1991：1347.

［2］毛泽东．毛泽东选集：第七卷［M］．北京：人民出版社，1991：259.

［3］邓小平．邓小平文选：第二卷［M］．北京：人民出版社，1994：109.

［4］中共中央文献研究室．十三大以来重要文献选编：下［M］．北京：人民出版社，1993：1656-1657.

［5］习近平．习近平谈治国理政：第二卷［M］．北京：外文出版社，2017：377.

［6］习近平．习近平谈治国理政：第三卷［M］．北京：外文出版社，2020：350.

［7］刘红凛．新时代党的建设理论和实践创新研究［M］．北京：人民出版社，2019：71.

［8］中共中央宣传部．习近平新时代中国特色社会主义思想学

习纲要［M］. 北京：学习出版社，2019：89-102.

［9］冯刚. 改革开放以来高校思想政治教育发展史［M］. 北京：人民出版社，2018：456.

［10］陈万柏，张耀灿. 思想政治教育学原理［M］. 高等教育出版社，2015：261.

［11］中共中央文献研究室. 十八大以来重要文献选编：上［M］. 北京：中央文献出版社，2014：80.

［12］朱茜. 加强高校基层党组织建设研究［M］. 沈阳：辽宁大学出版社，2019：215.

［13］本书编写组. 习近平总书记教育重要论述讲义［M］. 北京：高等教育出版社，2020：9.

期刊：

［1］王严淞. 论我国一流大学本科人才培养目标［J］. 中国高教研究，2016（8）：13-19.

［2］邱冠文，陈德权，肖华. 人才培养理念下的高校机关党建育人体系研究：基于H高校机关支部与学生支部结对共建的实证分析［J］. 长江丛刊. 2016（06）：118-119.

［3］孙晓峰. 新时代提升高校党委全面领导力的路径探索［J］. 思想理论教育导刊，2018（12）：132-136.

［4］谢守成，文凡. 新时代高校组织育人的逻辑定位、现实境遇与实施策略［J］. 思想理论教育，2019（5）：95-100.

［5］骆郁廷. 论高校党组织思想政治工作的主体责任［J］. 思想理论教育，2017（3）：4-9.

［6］李珂. 高校基层党组织建设应抓好"五态"［J］. 中国高等

教育，2017（23）：49-50.

［7］吴巧慧．提升高校学生党支部组织生活育人功能的四个维度［J］．思想理论教育导刊，2019（7）：132-134.

［8］王帅．高校党组织育人现实考察与提升路径探析［J］．广西社会科学，2018（2）：214-217.

［9］曹锡康．高校组织育人：现状考察与机制构建［J］．思想理论教育，2018（11）：91-95.

［10］王里，朱旗．高校党建研究的双重纬度：主体及制度［J］．江苏高教，2018（2）：66-69.

［11］陈荣武．高校组织育人协同体系建构及其功能实现［J］．思想理论教育，2018（3）：95-99.

［12］李荣胜．新形势下高校党建存在的问题及对策［J］．中州学刊，2016（4）：17-20.

［13］赵荣坡．高校党组织如何做好本职工作［J］．人民论坛，2019（8）：82-83.

［14］吴国友．高校基层党组织参与“全员育人”工作之我见［J］．学校党建与思想教育，2015（10）：22-23，36.

［15］林江．牢记总书记对新时代中国青年的要求［J］．红旗文稿，2019（10）：18-20.

［16］余乙兵．高校学生党支部育人工作面临的挑战及优化路径［J］．学校党建与思想教育，2020（10）：44-45，96.

［17］陈菡，刘克勤．新时代高职院校学生党支部育人实效提升路径探析［J］．大学，2021（42）：94-96.

［18］董业凤．高校大学生党支部党建育人创新与实践探索：以体育专业为例［J］．开封文化艺术职业学院学报，2021（9）：84-85.

[19] 唐浚泷. 发挥好高校学生党支部的育人作用 [J]. 社会主义论坛, 2021 (9): 52-53.

[20] 王莹. 新时代学生党支部育人功能提升研究: 以"1+X"党建互助模式为例 [J]. 吕梁教育学院学报, 2020 (2): 48-49.

[21] 尹晓娟, 郭珍磊. 高校学生党支部育人功能实现的路径研究 [J]. 成都中医药大学学报(教育科学版), 2019 (2): 92-94.

[22] 吴巧慧. 提升高校学生党支部组织生活育人功能的四个维度 [J]. 思想理论教育导刊, 2019 (7): 132-134.

[23] 刘清丽. 高职院校教师党支部党建引领"三全育人"实施路径探索 [J]. 辽宁农业职业技术学院学报, 2022 (1): 23-26, 59.

[24] 郭强, 毛维. 高校教师党支部党建育人创新模式探索 [J]. 教育现代化, 2019 (8): 13-15.

[25] 方芳. 高校教工党支部育人作用发挥路径和机制的探究 [J]. 决策探索(下), 2018 (5): 41-43.

[26] 齐清, 史建民. 高校二级学院党建工作服务育人功能的实践探索 [J]. 山东农业大学学报(社会科学版), 2017 (1): 124-127.

[27] 莫靖聪, 张景新. 互联网时代高校党建育人与立德树人融合的研究 [J]. 高校后勤研究, 2021 (12): 54-57.

[28] 华国春. 基于"三全育人"的高校党建工作路径研究 [J]. 领导科学论坛, 2021 (1): 157-160.

[29] 赵国峰, 李桂荣, 范家明. 高校二级学院"党建+"育人模式探索 [J]. 河北经贸大学学报(综合版), 2021 (1): 92-95.

[30] 张攀, 徐颢芳. 高校基层党建育人体系的构建逻辑与实践路径 [J]. 北京教育(德育), 2021 (11): 15-18.

[31] 吕芳萍. 试析新时期高校机关党建育人功能 [J]. 成功(教育), 2012 (1): 329.

[32] 邱水平. 培养有理想有本领有担当的新时代中国青年 [J]. 党建, 2020 (5): 14-15.

[33] 赵攀, 范雯芩, 杨晓鹏, 等. 高校学生党支部育人模式探赜 [J]. 学校党建与思想教育, 2019 (2): 33-35.

[34] 宋晟, 邓思佳. 新时代高校基层党组织制度建设探析 [J]. 学校党建与思想教育, 2021 (6): 23-24.

[35] 朱永华, 童政权. 一流本科教育下高校教育考核与评价创新研究 [J]. 黑龙江高教研究, 2019 (9): 32-35.

[36] 吕薇洲, 马凯. 思想建党是我们党不忘初心、继续前进的重要法宝 [J]. 红旗文稿, 2016 (13): 14.

[37] 江家城, 寇清杰. 新时代基层党组织组织力的内涵解析、生成逻辑与提升路径 [J]. 党政研究, 2019 (7): 18.

[38] 孙晓峰. 新时代提升高校党委全面领导力的路径探索 [J]. 思想理论教育导刊, 2018 (12): 132-136.

[39] 邓军. 高校思想政治工作要发挥组织育人协同效应 [J]. 中国党政干部论坛, 2019 (12): 43-45.

[40] 林彦虎, 李家富. 论贯穿"政治—知识—生活"维度的高校思政课教学 [J]. 广西社会科学, 2021 (3): 178-183.

[41] 习近平. 在全国组织工作会议上的讲话 [J]. 当代党员, 2018 (19): 13.

报纸:

[1] 董洪亮. 习近平就高校党建工作作出重要指示强调: 坚持

立德树人思想引领 加强改进高校党建工作 [N]. 人民日报，2014-12-30 (1).

[2] 张烁. 习近平在全国高校思想政治工作会议上强调：把思想政治工作贯穿教育教学全过程开创我国高等教育事业发展新局面 [N]. 人民日报，2016-12-09 (1).

[3] 朱善璐. 高校育人党建是魂 [N]. 人民日报，2006-07-06 (13).

[4] 习近平. 坚持中国特色社会主义教育发展道路 培养德智体美劳全面发展的社会主义建设者和接班人 [N]. 人民日报，2018-09-11 (1).

[5] 中共中央. 中国共产党支部工作条例（试行）[N]. 人民日报，2018-11-26 (1).

[6] 中共中央. 中国共产党普通高等学校基层组织工作条例 [N]. 人民日报，2021-04-23 (3).

[7] 习近平. 在北京大学师生座谈会上的讲话 [N]. 人民日报，2018-05-03 (2).

[8] 新华社. 习近平回信勉励北京大学援鄂医疗队全体“90后”党员 让青春在党和人民最需要的地方绽放绚丽之花 [N]. 人民日报，2020-03-17 (1).

[9] 习近平. 青年要自觉践行社会主义核心价值观：在北京大学师生座谈会上的讲话 [N]. 人民日报，2014-05-05 (2).

[10] 习近平. 在全国宣传思想工作会议上强调：举旗帜聚民心育新人兴文化展形象 更好完成新形势下宣传思想工作使命任务 [N]. 人民日报，2018-08-28 (1).

[11] 习近平. 给北京大学学生回信勉励当代青年勇做走在时代

前面的奋进者开拓者奉献者［N］. 人民日报，2018-05-05（1）.

［12］习近平. 习近平就高校党建工作作出重要指示强调：坚持立德树人思想引领　加强改进高校党建工作［N］. 人民日报，2014-12-30（1）.

［13］习近平. 决胜全面建成小康社会　夺取新时代中国特色社会主义伟大胜利：在中国共产党第十九次全国代表大会上的报告［N］. 人民日报，2017-10-28（1）.

其他文献：

［1］秦泽森. 新时代高校党组织育人功能研究［D］. 大连：大连理工大学，2021.

［2］中共中央组织部. 中国共产党党内统计公报［EB/OL］. 新华网，2022-06-30.

［3］教育部. 中共教育部党组关于印发《高校思想政治工作质量提升工程实施纲要》的通知［EB/OL］. 新华网，2017-12-06.

［4］教育部. 中共教育部党组关于高校党组织“对标争先”建设计划的实施意见［EB/OL］. 新华网，2018-05-23.

后 记

教育是国之大计、党之大计，习近平总书记在全国教育大会上强调指出，要全面贯彻党的教育方针，坚持马克思主义指导地位，坚持社会主义办学方向，立足基本国情，遵循教育规律，坚持改革创新，以凝聚人心、完善人格、开发人力、培育人才、造福人民为工作目标，培养德智体美劳全面发展的社会主义建设者和接班人。党建工作是落实立德树人根本任务的重要抓手和政治保障，要紧紧围绕“培养什么人、怎样培养人、为谁培养人”这个根本性问题，不断提升高校党建育人的实践成效，不断推进高校党建育人的守正创新。

我国是中国共产党领导的社会主义国家，我们办的是社会主义教育，必须在事关办学方向的问题上站稳立场，坚持教育为人民服务，为中国共产党治国理政服务，为巩固和发展中国特色社会主义制度服务，为改革开放和社会主义现代化建设服务。扎根中国大地的高等学校，必须坚持和加强党的领导，只有把育人作为高校党建工作的永恒主题，遵循党的建设规律、高等教育规律和学生成长成才规律，才能体现社会主义的办学方向。将之落实到人才培养的具体实践中，就是要以党建为引领，围绕党建办学育人，通过党建实现育人目标。

本书得到了广西高校人文社会科学重点研究基地的基金资助，在此，对广西高校人文社会科学重点研究基地（滇黔桂边革命老区人文精神与社会发展研究基地）的大力支持表示感谢！同时，感谢为本书提供理论与实践参考的相关研究成果。在引用相关专家学者的观点时，本书已尽量标明来源，但错漏之处在所难免，祈请相关专家学者海涵！

本书的顺利出版得益光明日报出版社的大力支持，在此特别感谢光明日报出版社及相关领导老师！

黄宗将

2022 年 3 月于百色学院